D1844343

HEYNE
BÜCHER

Über die Autorinnen

EMMA THOMPSON gewann 1992 den Academy Award (»Oscar«) als Beste Darstellerin für ihre Rolle als Margaret Schlegel in *Wiedersehen in Howards End.* 1993 wurde sie zweimal nominiert für ihre Hauptrolle in *Was vom Tage übrigblieb* sowie für ihre Nebenrolle in *Im Namen des Vaters.*

Vor ihrem Abschluß 1982 an der Cambrigde University in englischer Literatur spielte sie drei Jahre lang mit den Footlights am Edinburgh Fringe sowie bei der ersten reinen Frauen-Revue *Woman's Hour,* bei der sie als Co-Autorin, Co-Produzentin und Co-Regisseurin mitwirkte. Zu dieser Zeit entstand auch ihr erstes Soloprogramm, *Short Vehicle.*

In London spielte Thompson zusammen mit Robert Lindsay die Hauptrollen in der erfolgreichen Bühnenshow *Me and My Girl* und mit Kenneth Branagh, unter der Regie von Dame Judi Dench, in John Osbornes *Blick zurück im Zorn.* Unter der Regie von Branagh spielte sie bei der Welttournee der Renaissance Theatre Company den Narren in *König Lear* und die Helena in *Mittsommernachtstraum.* Eine BBC-Radiosendung über die frühen *Cambridge Footlights* brachte Thompson viele weitere Auftritte in Komödien, deren Höhepunkt die Sendung *The Emma Thompson Special* war. Außerdem spielte sie in der sechsstündigen Miniserie *Tutti Frutti* mit sowie in der siebenstündigen BBC-Serie *Fortunes of War,* wofür sie den BAFTA-Preis als Beste Darstellerin erhielt.

Zu Thompsons weiteren Filmen gehören *Junior, Viel Lärm um Nichts, Henry V, Schatten der Vergangenheit, Peter's Friends, Verliebt in Chopin* und *Carrington,* in dem sie die Titelrolle spielte und der ihr bei dem Festival in Cannes 1995 einen Special Jury Prize einbrachte.

LINDSAY DORAN wurde in Los Angeles geboren. Sie arbeitete zehn Jahre als Studio-Herstellungsleiterin bei Embassy Pictures und Paramount Pictures, bevor sie Leiterin von Sydney Pollacks Mirage Productions wurde.

Nachdem sie Kenneth Branaghs *Schatten der Vergangenheit* und Edward Zwicks *Auf und davon* produziert hatte, arbeitete sie als Herstellungsleiterin bei Pollacks *Die Firma* und seinem letzten Film, *Sabrina* mit.

EMMA THOMPSON

HINTER DEN KULISSEN VON SINN UND SINNLICHKEIT

Ein Tagebuch

Aus dem Amerikanischen
von Sonja Funke

Deutsche Erstausgabe

WILHELM HEYNE VERLAG
MÜNCHEN

HEYNE ALLGEMEINE REIHE
Nr. 01/9363

Titel der Originalausgabe
THE SENSE AND SENSIBILITY SCREENPLAY AND DIARIES: THE MAKING OF THE FILM BASED ON THE JANE AUSTEN NOVEL

Umwelthinweis:
Dieses Buch wurde auf
chlor- und säurefreiem Papier gedruckt.

Redaktion: Dr. Andreas Gößling
Einführung: Copyright © 1995 by Lindsay Doran.
All rights reserved.
Tagebuch: Copyright © 1995 by Emma Thompson.
All rights reserved.
Copyright © 1996 der deutschen Ausgabe by
Wilhelm Heyne Verlag GmbH & Co. KG, München
Printed in Germany 1996
Umschlag- und Innenillustrationen: Clive Coote
Copyright © 1995 by Columbia Pictures Industries, Inc.
All rights reserved.
Umschlaggestaltung: Atelier Ingrid Schütz, München
Satz: Franzis-Druck GmbH, München
Druck und Bindung: Ebner Ulm

ISBN 3-453-08672-4

Das Vorspiel

Eine Einleitung
von Lindsay Doran

Falls ich mir einer Sache sicher war, dann der, daß *Stolz und Vorurteil* ein ziemlich dummes Buch und Jane Austen eine ziemlich dumme Schriftstellerin war und ich nie, nie wieder eines ihrer dummen Bücher lesen würde. Damals war ich dreizehn.

Ich wußte zwar, daß *Stolz und Vorurteil* zu den großen Klassikern zählte und so weiter, aber ich konnte einfach nichts Großartiges darin erkennen. In dem Buch ging es um fünf Schwestern, deren ganzer Lebenssinn anscheinend nur in Besuchen bestand. Das Bedeutsamste, was ihnen im Leben widerfahren konnte, war, daß jemand bei ihnen vorbeikam oder daß sie selbst bei jemand anderem vorbeischauten oder daß bestenfalls jemand Neues in die Nachbarschaft zog, so daß eine weitere Besuchsrunde in Gang gesetzt werden konnte. Das war's! Sie sprachen miteinander, sie sprachen mit einigen Männern, denen sie begegneten, dann sprachen sie wieder miteinander. Dann heirateten sie alle, wobei jede einzelne Figur in eine neue Beziehung zu jeder anderen einzelnen Figur trat – und das Buch war aus. Ziemlich dämlich.

Mrs. Ritter, die in meiner reinen Mädchenschule die achte Klasse unterrichtete, meinte es sicher gut mit uns, als sie das Buch für uns als Pflichtlektüre vorsah, aber ich glaube, am meisten gefiel ihr daran, daß dieses Buch ungefährlich war für Jungmädchengemüter. Jedenfalls machte sie sich nie die Mühe, uns zu vermitteln, daß es voller Lebensweisheit und Humor war, und wir waren zu jung und ungebildet, um das selbst herauszufinden. Ich jedenfalls. Also hielt ich ein Referat darüber, was die Frauen um 1800 trugen (die Kleider waren, wie ich meinen Freundinnen berichtete, fast genauso blöd wie das Buch), und das war das Ende meiner Beziehung zu Jane Austen. Dachte ich.

Ich hatte mich geirrt. Als ich fünf Jahre später frisch am Barnard College (einer weiteren reinen Mädchenschule) war, schrieb ich mich für ein Seminar ein, das ein gewisser Professor John Kowenhoeven abhielt. Hier wählte jede Studentin einen englischsprachigen Autor und versuchte dessen Gesamtwerk, also jedes einzelne Prosastück und jedes Gedicht, in chronologischer Reihenfolge zu lesen, ohne sich dabei auf literaturkritische Positionen oder Biographien zu beziehen. Der Sinn dieser Vorgehensweise lag weniger darin, sich durch alle Schriften zu kämpfen (ich erinnere mich, daß das Mädchen, das Herman Melville gewählt hatte, es gar nicht erst bis *Moby Dick* schaffte), sondern sich eine eigene Meinung über das Werk dieser Autoren zu bilden, ohne sich durch die Meinung der Kritiker oder die von Biographen angenommenen Einflüsse beeinflussen zu lassen.

In der ersten Sitzung nannten wir den Namen des Autors, den wir lesen wollten. Ich wählte James Joyce (wahrscheinlich weil ein Junge, den ich mal toll gefunden hatte, der Meinung war, James Joyce sei eine Art Gott in Menschengestalt). Nach einigen Fragen von Kowenhoeven wurde meine Wahl angenommen. So lief es bei den meisten Studentinnen, bis eine schließlich die Absicht äußerte, Jane Austen zu studieren. Die Welt kam zum Stillstand. Ziemlich schnell wurde deutlich, daß Jane Austen die Schriftstellerin war, die Professor Kowenhoeven am meisten liebte und bewunderte, und daß er nicht glaubte, irgendeine von uns sei es wert, ihre Werke zu studieren. Er nahm die arme Studentin fast eine halbe Stunde lang auseinander: Warum wollte sie sich mit Jane Austen beschäftigen? Welche Bücher hatte sie bereits gelesen? Wie würde sie die Autorin in ihrer Seminararbeit nennen? (»Jane Austen«, lautete die Antwort. Hätte die Studentin die Autorin auch nur ein einziges Mal »Jane« oder »Miß Austen« oder »Mrs. Austen« oder »Die Dichterin aus Bath« genannt, hätte Kowenhoeven ihr jemand anderen aufgedrückt.) Als Frage auf Frage zu seiner Zufriedenheit beantwortet waren, lehnte Kowenhoeven sich schließlich in seinem Stuhl zurück, blickte das arme Mädchen direkt an (und irgendwie durch sie hindurch) und fragte: »Haben Sie Sinn für Humor?« – »Bei Jane Austen durchaus«, antwortete sie mit ebenso festem Blick. Das gab den Ausschlag. Ihre Wahl wurde angenommen, und Kowenhoeven machte weiter bei den Mädchen, die sich für Hardy, Woolf, Yeats usw. entschieden hatten.

Ich aber saß vollkommen verblüfft da. Ich bewunderte diesen Professor (obwohl ich – oder vielleicht *weil* ich von ihm ziemlich eingeschüchtert war) und konnte nicht glauben, daß Jane Austen bei ihm eine derartige Wertschätzung genoß. Und das Mädchen, das Jane Austen gewählt hatte (ich erinnere mich nicht mehr an ihren Namen, nur noch an ihre Ausstrahlung), beeindruckte mich als das coolste Mädchen in der Klasse. Sie hatte kurzes, dunkles, lockiges Haar, während wir anderen gerade versuchten, wie Mary Travers von *Peter, Paul und Mary* auszusehen, und sie brachte immer einen Cellokasten mit ins Seminar. Ich blickte einfach nicht durch: Was sahen diese Leute nur in Jane Austen? Und was hatte denn Sinn für Humor mit ihr zu tun? Die einzigen Scherze, die ich mit Jane Austen in Verbindung brachte, waren die kindischen, die ich selbst auf ihre Kosten gemacht hatte.

Während des Semesters mußte jede Studentin einmal in der Woche der Klasse einen mündlichen Bericht über den von ihr gewählten Autor erstatten. Kowenhoeven urteilte schrecklich streng nach diesen Berichten (»Ich habe siebenunddreißigmal ›ähm‹ gezählt, bevor ich mit Zählen aufhörte«, sagte er zu einem Mädchen; »wenn Sie sagen ›Joyce gibt eine gute Beschreibung‹ von etwas, was meinen Sie dann mit ›gut‹?« wollte er von mir wissen). Die Berichte des Mädchens, das Jane Austen gewählt hatte, nahm er dagegen mit überraschendem Wohlwollen auf. Allerdings wäre es auch unmöglich gewesen, sie zu zerpflücken: Sie waren brillant! Außerdem waren sie spannend, und vor allem waren sie amüsant.

Die ersten Schriftstücke von James Joyce, die ich gefunden hatte, waren einige Schulaufsätze, die er als Fünfzehnjähriger verfaßt hatte. Sie waren ziemlich schwerfällig und vermittelten nicht den geringsten Eindruck von dem Zauber, den er noch entfalten sollte. Die ersten Texte von Jane Austen, die uns vorgestellt wurden, waren einige Erzählungen und Stücke, die sie mit noch nicht einmal fünfzehn Jahren geschrieben hatte. Wir alle waren davon verzaubert, und zwar am meisten deswegen, weil sie auf eine boshafte Art komisch waren. (Emma Thompson sagte mir viel später einmal, daß ihrer Meinung nach Jane Austens frühe Stücke am ehesten den Satiren von Monty Python ähnelten.)

Zur Veranschaulichung hier einige Zeilen aus der kurzen Erzählung »Frederic und Elfrida«, die von der Autorin verfaßt wurde, als sie sehr viel jünger war als jede aus unserem Seminar:

> Aber ehe sie viele Minuten gesessen waren, verzauberten sie Geist und Charme, die glänzend in der Unterhaltung der liebenswerten Rebecca aufschienen, so sehr, daß sie zugleich aufsprangen und ausriefen:
> »Liebliche und gar zu entzückende Schöne, ungeachtet Ihres furchterregenden Schielens, Ihrer schmalzigen Haarlocken und Ihres buckligen Rückens, die schrecklicher sind, als die Vorstellungskraft es zu malen oder die Feder zu beschreiben vermag, kann ich mich nicht enthalten, meine Begeisterung über die einnehmenden Eigenschaften Ihres Geistes auszudrücken, die so reichlich mit dem Entsetzen aussöhnen, das Ihr erstes Erscheinen jedem unbedachten Besucher einflößen muß. Ihre so edel ausgedrückten Empfindungen betreffs der unterschiedlichen Vorzüge indischer und eng-

lischer Musselins und die einsichtige Vorliebe, die Sie für die ersteren hegen, haben in mir eine Bewunderung erweckt, von der ich Ihnen nur eine angemessene Vorstellung geben kann, indem ich Ihnen versichere, daß es nahezu die gleiche ist, die ich für mich selbst empfinde.«
(Jane Austen: Frederic und Elfrida. Übersetzt und mit einem Nachwort von Elfi Bettinger und Friedrich Tontsch, Zürich/Dortmund 1992)

Während wir uns im weiteren Verlauf des Semesters anhörten, wie sich aus Jane Austens kurzen Werken umfangreiche Romane entwickelten, lachten wir nicht nur häufig, sondern staunten auch über die sorgfältig entworfenen Sätze, die Komplexität des Handlungsaufbaus und die Genauigkeit, mit der die menschliche Natur beobachtet und wiedergegeben wurde. Alle freuten sich auf die Tage, an denen die Cellistin mit ihren Berichten dran war, während ich mich erinnern kann, daß irgend jemand (einschließlich mir selbst) sich auf meine Versuche gefreut hätte, Joyces »unentrinnbare Modalität des Sichtbaren« zu erklären.

Am Ende des Schuljahres und nach Seminarabschluß war ich entschlossen, sobald ich genug freie Zeit hätte, die Schritte der Cellospielerin nachzuvollziehen und jedes einzelne von Jane Austens Werken in chronologischer Reihenfolge zu lesen. Jedoch kamen andere Interessen und Pflichten dazwischen, und ich konnte mir mein selbstgegebenes Versprechen erst erfüllen, als ich zweiundzwanzig war und ein Jahr lang in England lebte.

Kurz nach meiner Ankunft dort wurde ich von einem sehr kleinen Auto angefahren, als ich die Straße in der Nähe meiner Wohnung in Earl's Court überquerte (wahrscheinlich, weil ich in die falsche Richtung sah). Ich wurde gerade schlimm genug verletzt, um nicht arbeiten zu können, aber nicht so schlimm, daß ich nicht jeden Morgen zur Stadtteilbücherei hin- und abends heimhumpeln konnte. In meiner Wohnung war es eiskalt, und die Bücherei bot zum Glück eine warme Alternative. Während ich zwischen Bücherstapeln saß und herauszufinden versuchte, was ich in den nächsten Wochen lesen wollte, fiel mir plötzlich mein Entschluß hinsichtlich der Werke von Jane Austen wieder ein.

Ich ging zu den »A«-Regalen, die zwar nicht alles, was Jane Austen je geschrieben hatte, enthielten, jedoch alle ihre größeren Romane. Da ich chronologisch lesen wollte, fing ich also mit *Verstand und Gefühl* an. (Aus dem Seminar erinnerte ich mich noch daran, daß *Verstand und Gefühl* zwar im Jahr 1811 veröffentlicht, aber schon 1795 geschrieben worden und daher der erste ihrer Romane war.) In den nächsten Monaten las ich die Bücher der Reihe nach bis hin zu *Überredungskunst*. Ich liebte jedes einzelne und verfluchte meinen vernebelten Achtkläßler-Unverstand, und sobald ich durch war, begann ich *Verstand und Gefühl* von neuem zu lesen, das sich eindeutig als mein Favorit erwies, nicht nur unter Jane Austens Romanen, sondern unter allen Romanen, die ich je gelesen hatte. (Zum Glück hatte ich Kowenhoevens Anordnung befolgt und weder Kritiken noch Biographien gelesen, so daß ich erst

Jahre später herausfand, daß ich *Verstand und Gefühl* eigentlich nicht so gutfinden sollte, wie ich es tat.)

Einer der Gründe, warum ich dieses eine Buch so besonders mochte, war vielleicht der, daß es mir wie ein unglaublich guter Kinofilm vorkam. Mein Vater, D. A. Doran, war vierzig Jahre lang Studioleiter in Hollywood gewesen und hatte uns beim Abendbrot mit vielen seiner Ideen darüber vertraut gemacht, was einen befriedigenden Film ausmachte. Einige seiner Grundsätze kamen in Form simpler Regeln daher, etwa wie: »Man sollte die Story nie vorantreiben, indem man eine Figur sagen läßt: ›Warum sehen Sie mich so an?‹ oder ›Warum erzählen Sie mir das alles?‹« Aber er vermittelte meinem Bruder Dan und mir auch, wie man die Eigenschaften eines Buches (oder Stückes oder Skripts) erkannte, die es zu einem geeigneten Filmstoff machten. Und *Verstand und Gefühl* schien alle diese Eigenschaften zu haben: wunderbare Charaktere, eine starke Liebesgeschichte (tatsächlich drei starke Liebesgeschichten), überraschende Wendungen, gute Pointen, relevante Themen und ein herzzerreißendes Ende. Ich beschloß im Lesesaal der Brompton-Road-Bücherei, daß ich, sollte ich je ins Filmgeschäft einsteigen (was damals, mit zweiundzwanzig, eine eher vage Vorstellung war), versuchen würde, *Verstand und Gefühl* zu verfilmen.

Acht Jahre später wurde dieser Wunsch Wirklichkeit. Ich fand mich als Leiterin eines Hollywood-Studios wieder, und immer noch war mein Hauptanliegen, aus meinem Lieblingsbuch einen Film zu machen. Ich mußte also einen Drehbuchautor finden, und ich wußte genau, was ich suchte: einen Autor, der die Bereiche Satire und Liebesgeschichte gleichermaßen beherrschte (eine nicht einfache Kombination, wie ich zugebe, da Satiriker für romantische Liebesgeschichten oft zu bitter sind und Romantiker oft zu sentimental für Satiren). Und es sollte ein Autor sein, der nicht nur mit Jane Austens Sprache vertraut war, sondern in dieser Sprache auch fast so natürlich denken konnte wie in der Sprache des zwanzigsten Jahrhunderts. Mir war klar, daß, wollte man Jane Austens leicht preziöses Buch in eine fesselnde Filmerzählung verwandeln, einige Szenen und Dialoge verändert oder neu geschrieben werden müßten. Ton und Sprache des neuen Materials sollten allerdings dem Ton und der Sprache des Originals angepaßt werden. Ich machte mich also daran, Drehbücher von allen möglichen Autoren zu lesen: Männern und Frauen, alten und jungen, Engländern und Amerikanern.

Zehn Jahre später las ich immer noch. Alles, was ich mir angesehen hatte, erschien mir so trocken und glatt – die Liebesgeschichten waren nicht komisch genug, die komischen Drehbücher nicht romantisch genug, und bei den Versuchen, die Stimme des achtzehnten Jahrhunderts rüberzubringen, kam geschraubte und langweilige Sprache heraus. Ich fragte mich allmählich, ob ich nicht nach etwas suchte, das es nicht gab. Etwa um diese Zeit übernahm ich aber mit der Leitung von Sydney Pollacks Produktionsfirma Mirage eine neue Aufgabe. Sydney wollte Mirage zu einem Unternehmen entwickeln, das Filme macht, die die Herzen der Zuschauer bewegen, und nicht bloß dem jeweils aktuellen Trend entsprechen. Er und sein Mirage-Mitarbeiter Bill Horberg drängten mich, nicht aufzugeben, so daß ich mich also noch einmal auf die Suche begab.

Der erste von mir für Mirage produzierte Film war *Schatten der Vergangenheit* mit Kenneth Branagh und Emma Thompson in den Hauptrollen. In den zwölf Wochen, in denen wir filmten, lernte ich Emma sehr gut kennen, und es dauerte nicht lange, bis wir unsere beiderseitige Leidenschaft für Jane Austen entdeckten. Offensichtlich kannte sie die Bücher auswendig, und ihre Wertschätzung hatte nichts trocken Akademisches; sie *genoß* diese Bücher und liebte deren Witz ebenso sehr, wie sie ihre Intelligenz bewunderte. Darüber hinaus hatte sie bereits im Alter von neun Jahren genug Verstand (und satirisches Gefühl) besessen, um Jane Austens Bücher lieben zu lernen, lange bevor sie sie dann später in der Schule und in Cambridge studierte. (Wieder einmal dachte ich verächtlich an mich als Dreizehnjährige, aber im Laufe der Zeit begriff ich, daß sich einfach *jeder* neben ihr linkisch vorkommt. Haben Sie sie je tanzen sehen oder Französisch sprechen hören?)

Wie es das Schicksal wollte, begann ungefähr zwei Wochen nach Beginn der Dreharbeiten zu *Schatten der Vergangenheit* der lokale PBS-Sender KCET die britische Fernsehserie *Thompson* auszustrahlen, zu der Emma das Skript geschrieben hatte. Die sechs jeweils halben Stunden bestanden aus einer Serie von komischen Sketchen, die von Emma, Ken und einer Reihe von Mitgliedern aus Emmas Familie und ihrem Freundeskreis gespielt wurden. Mein Mann Rodney Kemerer und ich saßen jede

Woche wie gebannt vor dem Bildschirm. Emma hatte uns erzählt, daß die britische Presse in ihrer unendlichen Weisheit die gesamte Serie verrissen hatte, aber wir fanden sie unglaublich komisch. In der ersten Sendung gab es zwei in der Vergangenheit spielende Sketche. In einem stellten Ken und Emma Robin Hood und Maid Marian dar, die in ihrer Beziehung an einem Punkt angelangt sind, wo ihnen die Freuden des Waldlebens nicht mehr so recht reichen. Der zweite Sketch zeigte die Bemühungen einer viktorianischen Mutter, die ihrer frisch verheirateten Tochter erklärt, was die mausähnliche Kreatur war, die in der Hochzeitsnacht aus der Hose ihres Ehemanns gekrochen kam. Der viktorianische Maus-Sketch war in genau der gleichen Weise komisch, wie Jane Austen komisch war, auch wenn das Thema bei weitem anstößiger war als das, worüber Jane Austen es vorzog (oder wagte) zu schreiben. Und der Robin-Hood-Sketch war sowohl komisch als auch real, mit einem überraschend romantischen Ende. Emmas Fähigkeit, in der Sprache einer anderen Zeit zu schreiben, wirkte unangestrengt. Kurz, es war genau die Art zu schreiben, nach der ich gesucht hatte! Ich wußte, daß Emma noch nie ein richtiges Drehbuch geschrieben hatte, aber diese zwei- und dreiminütigen Sketche zeigten, daß sie so viel Sinn für das Geschichtenerzählen besaß, daß der Sprung zu einem vollständigen Skript nicht zu schwierig werden dürfte.

Als *Schatten der Vergangenheit* abgedreht war, fragten Bill und ich Emma, ob sie Interesse habe, eine Filmfassung von *Verstand und Gefühl* zu schreiben.

Sie schien überrascht, daß wir dieses Buch gewissen anderen Romanen wie *Überredungskunst* oder *Emma* vorzogen, aber nach einiger Zeit teilte sie meinen Eindruck, daß *Verstand und Gefühl* mehr reinen Unterhaltungswert bot als die anderen Bücher und zudem den Vorteil besaß, zwei weibliche Hauptfiguren statt nur einer zu haben. Sie war einverstanden, sich als Drehbuchautorin zu versuchen, gab aber zu bedenken, daß sie erst noch in »einem kleinen Film« spielen müsse, bevor sie beginnen könnte. Der kleine Film war *Wiedersehen in Howards End.*

Während Emma in den folgenden Monaten in England die Rolle spielte, die ihr im Jahr darauf einen Oscar einbringen sollte, machten Sydney und ich in Hollywood die Runde auf der Suche nach einem Studio, das das Geld für einen Film aufbringen würde, für den ein zweihundert Jahre alter englischer Roman adaptiert wurde, noch dazu von einer unerfahrenen Drehbuchautorin, die damals dort noch eine wenig bekannte Schauspielerin war. (»Soll sie etwa auch noch darin mitspielen?« jammerte ein Studioleiter, der das Projekt anschließend ablehnte.) Aber Amy Pascal und Gareth Wigan von Columbia Pictures erkannten die Chance. Wir zeigten ihnen die erste Sendung von *Thompson,* von der sie begeistert waren, und überzeugten sie davon, daß *Verstand und Gefühl* der Stoff für einen prächtigen und unterhaltsamen Film war, auch wenn dieses Buch zu Jane Austens »weniger gelungenen Romanen« zählt (und zwar unverständlicherweise bis heute).

Von Anfang an nahm Emma ihre Rolle als Drehbuchautorin sehr ernst. Nicht nur wußte sie, wie man in Jane Austens Sprache dachte, sie hatte auch ein Gespür für den Rhythmus von gutem szenischem Schreiben und die Vermittlung der Umgebung. Wie alle guten Drehbuchautoren (»Was meinen Sie mit ›gut‹?« fragt Professor Kowenhoeven in meinem Kopf) hatte sie nichts dagegen, eine Szene immer wieder umzuschreiben, wenn dies gefordert wurde. Sie hatte keine Angst, eine Zeile oder eine Szene oder sogar eine Reihe von Szenen zu streichen, wenn sie merkte, daß sie nicht stimmten. Ihre Erfahrung als Schauspielerin kam ihr zugute, wenn es darum ging, kluge und wirkungsvolle Dialoge zu schreiben (Sie werden bemerken, daß keine Figur sagt: »Warum sehen Sie mich so an?« oder »Warum erzählen Sie mir das alles?«, obwohl es für einige genügend Gelegenheiten dazu gäbe). Und diese Erfahrung half ihr auch zu erkennen, wann Schweigen mehr ausdrücken konnte als jedes gesprochene Wort.

In den folgenden Jahren arbeitete Emma immer wieder abwechselnd an einem neuen Film und einem neuen Entwurf. Manchmal machte sie sogar einen Film und schrieb dann drei Entwürfe! Dazwischen kamen noch die Anmerkungen von Columbia und von Mirage. Die Columbia-Produzenten achteten besonders (und zu Recht) darauf, daß wir die Handlung auf die Beziehung zwischen den beiden Schwestern konzentrierten, damit nicht der Anschein entstand, daß der Film von ein paar Frauen handelte, die darauf warteten, daß die richtigen Männer vorbeikämen. Und Sydney wachte ständig darüber, daß die Sprache und die Werte des ausgehenden achtzehnten Jahrhunderts dem durchschnittlichen Kinogänger des zwanzigsten Jahrhunderts verständlich blieben. Einmal sagte er zu mir: »Du steckst zu sehr drin, Lindsay. Du kennst das Buch zu gut. Die meisten Leute würden nicht einmal drauf kommen, daß Norland Park und Barton Park Häuser sind – die würden glauben, das seien Brüder.«

Aber nachdem Emma in sieben Filmen mitgespielt und wahrscheinlich doppelt so viele Entwürfe geschrieben hatte, lag uns ein Drehbuch vor, das wir einem Regisseur zeigen konnten. Nun ging eine weitere Suche los: Wo würden wir einen Regisseur finden, der die gleiche Mischung aus Satire und Romantik beherrschte, für die ein Autor so schwer zu finden gewesen war? Wie lang würden wir diesmal suchen müssen? Während Sydney, Bill und ich überlegten, wer Emmas Drehbuch umsetzen könnte (die meisten Leute gingen davon aus, daß wir unsere Suche auf englische Regisseure, weibliche Regisseure oder weibliche englische Regisseure begrenzten), wurde unser neuester Mirage-Kollege, Geoff Stier, ein Fan des taiwanischen Regisseurs Ang Lee. Geoff hatte als erster von uns Angs Film *Das Hochzeitsbankett* gesehen. Er drängte uns, ihn uns anzusehen und zu überlegen, ob Ang für eines der Projekte in Frage käme, die bei Mirage noch in der Entwicklungsphase waren. Sydney sah den Film als nächster, und er und Geoff sprachen begeistert über Angs Arbeit, wobei immer wieder zwei Worte auftauchten: »komisch« und »romantisch«. Eine vertraute Kombination.

Bill und ich sahen *Das Hochzeitsbankett* bald darauf. Dann blieb nur noch die Frage, wer sich vorwagte, als erster die Idee zu äußern: ein taiwanischer Regisseur für *Verstand und Gefühl*? Waren wir denn verrückt geworden? (Später sagte Ang: »Als ich das Drehbuch öffnete und Jane Austens Namen auf der Titelseite sah, dachte ich, ihr wärt verrückt geworden.«) Aber als wir Angs nächsten Film sahen, *Eat Drink Man Woman*, sprach uns die Idee, Ang Lee und Jane Austen zusammenzubringen, noch mehr an. Schließlich war *Eat Drink Man Woman* eine Geschichte über Schwestern und enthielt sowohl satirische als auch romantische Elemente. In ihr tauchten sogar wortwörtlich die gleichen Dialoge auf wie in *Verstand und Gefühl* (in beiden Filmen sagt eine Schwester zur anderen in einem untypischen Moment des Zornes: »Was weißt du schon von meinem Herzen?«).

Wir legten also das Drehbuch Angs Agenten vor. Und hielten den Atem an.

Zwei Wochen später erhielten wir einen Anruf: Ang wollte uns wegen des Drehbuchs treffen! Es sollte sich als das Treffen erweisen, von dem wir immer geträumt hatten. Nicht nur wußte er den Humor des Drehbuchs zu schätzen, er sagte auch: »Ich möchte, daß dieser Film den Leuten so furchtbar das Herz bricht, daß sie sich nach zwei Monaten noch nicht erholt haben.« Er sprach auch die tiefe Bedeutung an, die für ihn im Titel steckte: *Verstand und Gefühl*, zwei Elemente, die das Zentrum des Lebens selbst repräsentieren, wie Yin und Yang oder Essen, Trinken, Mann, Frau. Ang hatte Jane Austen nicht studiert (allerdings kennt James Schamus, sein Co-Produzent und gelegentlicher Co-Autor, ihr Werk sehr genau), aber er erkannte sofort die Allgemeingültigkeit dieser Geschichte und ihrer Charaktere.

Ang verpflichtete sich also, die Regie bei *Verstand und Gefühl* zu übernehmen, und seine erste Handlung als Regisseur bestand darin, Emma zu fragen, ob sie die Rolle der Elinor Dashwood spielen wollte. Diese Idee war seit einiger Zeit von Mirage und Columbia unterstützt worden, und Emma war tatsächlich nur zu gerne bereit, die Rolle zu übernehmen.

Nun hatten wir also unser Drehbuch, unseren Regisseur, und wir hatten unseren Star – es war Zeit, einen Film zu machen. Der erste Teil der *Verstand-und-Gefühl*-Reise – der Prozeß, einen Autor zu finden, einen Filmstoff zu entwickeln und dann einen Regisseur zu finden – dauerte fünfzehn Jahre. Das Ende der Reise – das tatsächliche Drehen des Films – ist in Emmas Tagebüchern festgehalten.

Unsere größte Hoffnung ist, daß diejenigen, die Jane Austen lieben, finden werden, daß der Film den Humor und die Lebensweisheit des Originalromans getreu wiedergibt. Wir hoffen jedoch auch, daß der Film eine befriedigende und unterhaltsame Erfahrung für diejenigen ist, die noch nie irgendeinen Roman von Jane Austen gelesen haben, ober aber für diejenigen, die die Romane zwar gelesen haben, aber dämlich fanden. Wenn auch nur ein einziges dreizehnjähriges Mädchen den Film sieht und anschließend seine Meinung über Jane Austen revidiert, würde mir das schon reichen.

Lindsay Doran
Produzentin

Die Rollen
und ihre Darsteller

Edward Ferrars
Hugh Grant

Elinor Dashwood
Emma Thompson

Colonel Brandon
Alan Rickman

Marianne Dashwood
Kate Winslet

Mrs.
Dashwood
*Gemma
Jones*

Margaret Dashwood
Emilie François

Lucy Steele
Imogen Stubbs

Mr. Palmer
Hugh Laurie
Charlotte Palmer
Imelda Staunton

John
Willoughby
Greg Wise

Fanny Dashwood *Harriet Walter*
John Dashwood *James Fleet*

Sir John Middleton *Robert Hardy*
Mrs. Jennings *Elizabeth Spriggs*

Robert Ferrars
Richard Lumsden

Das Tagebuch

Danksagung

Für die Entwicklung meines Sinns für Humor schulde ich Jane Austen, Monty Python und The Magic Roundabout tiefen Dank.

Vorbemerkung

Montag, 15. Januar 1995, Produktionstreffen in Oxford Street an einem rauhen Wintermorgen. Lindsay Doran (Produzentin), James Schamus (Co-Produzent), Ang Lee (Regisseur) und ich hatten uns in diesem Monat schon einmal getroffen, um über die letzte Drehbuchversion zu sprechen, weswegen wir auch jetzt zusammengekommen sind. Tony Clarkson (zweiter Aufnahmeleiter) und Laurie Borg (Co-Produzent) kennen sich bereits, aber ansonsten ist es das erste Mal, daß sich die wichtigsten Leute der Produktion zu einem Vorbereitungstreffen versammelt haben.

Lindsay geht um den Tisch herum und stellt jeden vor. Sie macht deutlich, daß ich mehr in meiner Eigenschaft als Autorin denn als Schauspielerin anwesend bin, also braucht keiner übermäßig nett zu mir sein. Es ist neun Uhr morgens, und alle wirken noch etwas unausgeschlafen. Außer Ang, der vollkommene Ruhe ausstrahlt, wo immer er sich gerade aufhält. Ich brauche ihn nur anzusehen, und schon fühle ich mich im Vergleich mit ihm zerzaust, so als ob meine Haare zu Berge stünden.

Unser erster Besprechungspunkt ist die Jagd (während der sich der Unfall ereignet, bei dem Mr. Dashwood stirbt). Wo bekommen wir eine Jagdgesellschaft her? Anscheinend braucht man dafür mindestens fünfundzwanzig Stunt-Reiter – oder aber wir mieten eine echte Jagdgesellschaft, wie die von Beaufort aus *Was vom Tage übrigblieb.* Ang will, daß Dorfbewohner und Feldarbeiter zusehen und daß man den Fuchs sieht, während er gejagt wird. Ich habe die Idee, daß man den Film mit einer Aufnahme der Füchsin beginnen läßt, die aus ihrem zugestopften Bau ausgeschlossen ist, ihrer Panik, als sie quer über das Land verfolgt wird. Das ist ziemlich aufwendig. Man muß einen Fuchs von Geburt an trainieren oder einen Hund so herrichten, daß er wie ein Fuchs aussieht. Oder man muß David Attenborough anheuern, der wahrscheinlich einige Füchse so gut kennt, daß er sie um einen Gefallen bitten könnte. Schließlich sagt Laurie, es sei unmöglich.

Was Ang als nächstes vorschlägt, ist sogar noch teurer: Er will unbedingt eine Küchenszene in Norland Park (dem Heim der Dashwoods – soll in Saltram House in Devon gedreht werden), die alle Bediensteten von Norland zeigt, wie sie eine riesige Mahlzeit vorbereiten. Ich möchte, daß ein blutender Mr. Dashwood durch die Küchentür hereingetragen und inmitten der rohen Fleischstücke auf den Tisch gelegt wird. Während Ang und ich uns begeistert über den Symbolismus der Szene auslassen, erinnert Laurie uns sanft an die Kosten. Das sind teure Szenen, und dabei hat der eigentliche Film noch nicht einmal begonnen.

Mein Blick wandert am Tisch entlang, und mir wird klar – vielleicht zum erstenmal –, daß es nun tatsächlich soweit ist. Nach fünfjähriger (wenn auch immer wieder unterbrochener) Drehbucharbeit ist das Gefühl von freigesetzten Energien hier nun deutlich spürbar. Hier gibt es Budgets, ein Büro und verschiedene wirkliche Menschen. Vor Schreck erstarrte ich für eine Sekunde! James reißt mich aus meiner Träumerei, indem er mich wieder fragt, welche Beschäftigungen wir für Elinor und Marianne finden können. Malen, nähen, sticken, Briefe schreiben, Blätter pressen, all das ist so furchtbar kleinmädchenhaft. Kopf hoch, sag' ich und verspreche, weiter darüber nachzudenken.

Wir machen uns daran, das gesamte Drehbuch durchzuarbeiten, fügen hinzu, streichen, feilschen, verhandeln, versuchen wo immer möglich Geld zu sparen. Wir kommen zur Ballsaalsequenz, und ich schlage vor, daß wir verschiedene Hintergrundszenen einbauen: einen reichen alten Wüstling, der sich einem jungen Mädchen aufdrängt, dessen gieriger Vater vorgibt, nichts zu bemerken; eine fette Matriarchin, die von kriecherischen Cousins umgeben ist – ein Eindruck von der Gier und Verlogenheit des neunzehnten Jahrhunderts à la Cruikshank. Teurer als einfach den Raum mit Extras einzurichten, aber auch interessanter. Laurie rollt mit den Augen, ist aber auch der Meinung, daß es die Mühen und das Geld wert ist.

Mir kommt es vor, als wäre es schön, wenn man Colonel Brandon sehen könnte, wie er Forellen kitzelt – etwas, das Marianne zu ihm hinzieht. Forellenkitzeln ist eine mysteriöse alte ländliche Methode, um Forellen zu fangen. Man kitzelt ihre Bäuche, und wenn sie entspannt sind, peitscht man sie aus dem Wasser heraus. Ich frage Laurie, ob es möglich ist, trainierte Fische zu bekommen. Lindsay antwor-

tet darauf, man merke, daß ich noch nie einen Film produziert habe. Sie erzählt uns, daß zwei ihrer Freunde das Drehbuch gelesen hatten und der Meinung waren, ich hätte die Schwangerschaft des Mündels der Brandons wegen der Schockwirkung erfunden. Solche Ereignisse überraschen bei Austen eher, aber wie viele Leute wissen schließlich, daß in *Verstand und Gefühl* ein Duell vorkommt? Als Lindsay mich bat, den Roman zu adaptieren, dachte ich, *Emma* oder *Überredungskunst* wären besser dafür geeignet. Tatsächlich aber ist in *V & G* mehr Action, als ich in Erinnerung hatte, und seine Elemente lassen sich sehr wirkungsvoll als Drama umsetzen.

Um zwanzig nach drei sind wir schließlich am Ende des Drehbuchs angelangt, und Lindsay fragt: »Können wir uns den Film leisten, so wie wir ihn gerade ausgemalt haben?« Es ist ein langes, komplexes Drehbuch, und das Budget ist bis an die Grenze ausgereizt. James macht sich besonders Sorgen wegen der Anzahl der Drehtage. Sie kommt ihm nicht ausreichend vor. (Als es dann soweit war, wurden unsere vorgesehenen achtundfünfzig Tage auf fünfundsechzig ausgedehnt.)

Leicht betäubt trete ich in die Oxford Street hinaus. »Bis zum April«, sage ich zu Laurie. Nun geht jeder seinen eigenen Weg, um die Vorbereitungen weiter voranzutreiben. Ang und James kehren nach New York zurück, erstellen ein Budget und planen auf dieser Grundlage. Lindsay kehrt nach L.A. zurück, um zu produzieren, und ich mache mich auf den Weg nach West Hampstead und stellte meinen Computer an. Noch eine Überarbeitung ...

Den restlichen Januar verbringe ich in Tränen – und in einem schwarzen Morgenmantel.

Im Februar und März nehme ich ständig Änderungen im Skript vor, doch die Grundstruktur bleibt dieselbe. Ein halbes Dutzend neuer überarbeiteter Fassungen macht die Runde, aber am 2. April einigen wir uns auf die endgültige Filmvorlage. Die Jagd- und Küchenszenen, die beim Produktionstreffen im Januar diskutiert worden waren, sind wegen Budget- und Zeitknappheit gestrichen worden.

Im Februar kommen Ang, James und Lindsay zurück, und die Überlegungen zum Casting beginnen. Wir fangen mit Fanny an. Jede Besetzung, die wir in Erwägung ziehen, wirkt vollkommen geeignet, die Balance zwischen ehelicher Besorgnis und bösartigem Eigennutz auszudrücken. Am Ende des Tages sagt Ang: »Dies ist eine Nation von Fannys.« Es hört sich auf schreckliche Weise wahr an. Einige Figuren sind weitaus schwerer zu fassen, besonders Lucy Steele und Willoughby, vielleicht wegen ihrer verborgenen Motive. Gemma Jones, Kate Winslet und Elizabeth Spriggs sind so eindeutig Mrs. Dashwood, Marianne und Mrs. Jennings, daß es uns schwerfällt, uns irgend jemand anderen in den Rollen vorzustellen. Ich freue mich sehr, daß fünf der Schauspieler, die ich im letzten Jahr zu einer Leseprobe anhand eines früheren Entwurfs bewegen konnte, von Ang engagiert worden sind: Hugh Grant (Edward), Robert Hardy (Sir John), Harriet Walter (Fanny), Imelda Staunton (Charlotte Palmer) und Hugh Laurie (Mr. Palmer). Sogar Hugh Grant, für den ich den Edward geschrieben habe, hat zugesagt, obwohl er nach *Vier Hochzeiten* der wohl berühmteste Mann der Welt geworden ist. Es ist komisch, auf der anderen Seite des Casting-Prozesses zu stehen. Auch wenn Michelle Guish, der Casting-Leiter, die äußeren Umstände so entspannt wie möglich hält, ist mir unangenehm bewußt, wie schwierig es für einen Schauspieler ist, in einen kleinen Raum voller Leute zu kommen, die einen alle anstarren. Lindsay ist ganz schüchtern, James plaudert ein wenig, Ang sagt selten überhaupt etwas, und ich mache eine Menge unangebrachter Geräusche, wenn eine zu lange Pause eintritt. Angs Hauptkriterien sind eine Überraschung. Die Physiognomie spielt eine große Rolle für ihn. Nicht, ob jemand gut aussieht; ihm geht es um die Partien zwischen Unterlippe und Kinn und zwischen Nasenbrücke und Stirn. Praxiteleanische Proportionen im Grunde. Nach der ersten Begegnung mit einem Schauspieler

kommt es zu einer zweiten, in der wir Szenen lesen. Ich erhalte die Gelegenheit, alle anderen Rollen zu spielen, und erringe einen kleinen Erfolg mit Sir John. Dann ein drittes Treffen, wenn die Szenen auf Video sind. Ang ist mit vielen britischen Schauspielern nicht vertraut, so daß wir die Leute ziemlich oft zu sehen bekommen, bis er sicher weiß, was er will.

»Kann jeder in England schauspielern?« fragt er nach einem besonders anregenden Nachmittag. Lindsay und ich denken hierüber ziemlich lange nach, bevor wir zu dem Ergebnis gelangen, daß die Antwort wahrscheinlich *ja* lautet.

Ang stellt eine Menge fesselnder Widersprüche dar: Er macht T'ai chi, aber seine Schultern sind ständig gebeugt; er meditiert und raucht (nicht gleichzeitig, soweit ich weiß); er hat kein Gramm Fett auf den Rippen, aber er ißt alles, was kommt, besonders Rosinenbrötchen. Als ich für ihn Roastbeef machte, aß er den *gesamten* Yorkshire-Pudding auf – um elf Uhr abends! Er ist vierzig Jahre alt und sieht wie dreißig aus.

Während allmählich jede Rolle ihre Besetzung findet, werden die Aufnahmen immer konkreter. Die Schauspieler vor Augen, schreibe ich Szenen um. Ende März fahre ich zwei Wochen weg, versuche, nicht mehr ans Drehbuch und nur noch an Elinor zu denken. Dieses Tagebuch setzt am ersten Tag der Proben ein.

FREITAG, 7. APRIL:

Die Produktionsbüros und Proberäume sind in den Shepperton-Studios. Wir arbeiten auf einer der kleineren Bühnen, wo wir im letzten Jahr die Innenaufnahmen für *Carrington* machten. Proben mit Gemma und Kate. Beide überrascht, daß Ang mit Meditation und Körperübungen anfängt – das *ist* ungewöhnlich. Wir sitzen auf Kissen und atmen. Wir massieren uns gegenseitig die Akupressurpunkte. Es tut sehr weh. Laute Schreie, besonders von Winslet.

Abends schreibe ich immer noch um – kleine Änderungen, die mit den Aufnahmeorten und der Pointierung der Dialoge zu tun haben. Es gibt immer etwas zu feilen. Ang bittet uns, für ihn schriftliche Hausaufgaben zu machen. Das ist ebenfalls ungewöhnlich. Er will Charakterstudien und stellt einen Fragenkatalog auf, der sich überwiegend mit dem Hintergrund und dem »Innenleben« befaßt. Innenleben ist für ihn sehr wichtig. Einige Schauspieler reagieren darauf gut, andere nicht. Aber wir machen es alle. Imogen Stubbs (Lucy Steele) erringt den ersten Preis für einen Brief von Lucy an Elinor einige Jahre nach ihren jeweiligen Hochzeiten (siehe Anhang). Ich erinnere mich, daß ich vor der Rollenbesetzung zu Ang sagte, nichts sei wichtiger, als daß jeder Schauspieler komisch sei. Sehr geistreiche Besetzung.

Unsere Sitzung mit Jane Gibson (Expertin für Umgangsformen und für alle historischen Fragen) ist erkenntnisreich und lohnend. Wir erfahren etwas über Wurzeln und Bedeutung von Verbeugungen und Knicksen – oder Respektbezeugungen, wie Jane sie nennt. Wenn man ein Zimmer betritt, wirft man einen »strahlenden Blick« über die Szene. Hübsche Formulierung. Über Jahrhunderte hat sie sich erhalten, bis hin zur heutigen Bedeutung als ›Ermunterung‹. Ich erinnere mich, wie mein Vater mir einmal in einem Restaurant sagte, in dem ich wie wild mit einem Kellner flirtete: »Jetzt hör auf, den jungen Mann so anzustrahlen.«

Die Verbeugung kommt vom Kopf und vom Herzen. Der Knicks (der sich von ›knicken‹ herleitet) ist die vorübergehende Statuserniedrigung, auf die das Wiederaufrichten folgt. Jane spricht von der Einfachheit und Armut der Epoche, dem Fehlen von gekünstelten Angewohnheiten. Dem muskulösen Körperbau, der Stärke, die sich hinter der leichtfüßigen Bewegung verbarg. Sie macht uns darauf aufmerksam, daß unverheiratete Frauen nicht unbedingt etwas über die Abläufe beim Sex wußten. Wir suchen nach einem Schwerpunkt. Plötzlich fühlt sich jeder schwerfällig und linkisch. Wie Jane sagt: Wir wissen nicht mehr, wie wir uns verhalten sollen.

Nach der gestrigen Premiere von *Eine sachliche Romanze* kommt Hugh Grant hereingeschneit, in Timberland-Stiefeln, blauem Hemd und mit Brille. Abstoßend hinreißend, warum haben wir ihn genommen? Er ist viel hübscher als ich. Es ist Angs erste Probe mit Hugh. Er gibt zu, nervös zu sein – sie zünden sich beide Zigaretten an. Ich sehe zu, selbstgefällig nichtrauchend, kehre aber bald schon zu meiner Gewohnheit zurück, mir eine zu drehen.

Hugh: »Wenn man eins von Dreharbeiten in Großbritannien lernen kann, dann daß man immer vom Wetter aufs Kreuz gelegt wird.«

Ang sagt, das sei das einzige, was ihn beunruhige. Seine Kaltblütigkeit ist außerordentlich. Ich glaube, ich muß auch mit T'ai chi anfangen.

Bewölkt. Wir machen Aufnahmen von Make-up und Haarproben. Meine Haare sehen zu rot aus, Kates Make-up stimmt nicht ganz. Wir machen mehr Probeaufnahmen und lösen die Probleme. Libby Barr (Scriptgirl, schottisch, brillant, riesige Kollektion ausgeflippter Ohrringe), klappert auf einer alten Schreibmaschine. Wir machen mit Jane Gibson weiter. Sie ist entzückend kratzbürstig uns gegenüber. Meine eingefallene Brust wölbt sich Stück für Stück nach außen.

MONTAG, 10. APRIL:

Schreibe endlos zusätzliche Dialoge. Es geht darum, Auftritte und Abgänge abzudecken und, wo immer nötig, Hintergrundgeplauder zu liefern. Schwierig für Schauspieler, im Neunzehnten-Jahrhundert-Englisch zu improvisieren. Außer für Robert Hardy und Elizabeth Spriggs, die ohnehin so sprechen.

Jane bleut uns ein, daß Gott in seinem Himmel, der Monarch auf seinem Thron und das Becken fest unterhalb des Brustkorbs sitzt. Offensichtlich hat der Rock 'n' roll das Becken befreit, und seither ist es nicht mehr dasselbe. Wir stehen alle wie halb gargekochte, langgezogene Spaghetti herum. Ich habe den Fernseher zugedeckt, das Radio versteckt und alle Zeitungen abbestellt. Hallo, 1811!

DIENSTAG, 11. APRIL:

Vor lauter Aufregung kann keiner schlafen. Die Kostümbildner John Bright und Jenny Beavan wünschen sich, daß sie drei Wochen mehr Zeit hätten, aber sie haben wirklich großartige Arbeit geleistet. Die Formen und Farben sind unnachahmlich. Lindsay ist in Plymouth bereits dabei, wie wahnsinnig das Drehbuch zu kürzen. Es ist immer noch zu lang. Die Kunstabteilung ist dagegen, daß wir Margaret im Salon baden. Anscheinend benutzte man im neunzehnten Jahrhundert immer die Küche oder ein Schlafzimmer dafür. Vielleicht sind die Dashwoods anders, lautet mein nicht hilfreicher Kommentar.

Fange an, für zehn Wochen zu packen.

DONNERSTAG, 13. APRIL:

Auf dem Damensattel zu reiten, ist komisch. Unterrichtsstunde mit Debbie Kaye, die dafür zuständig ist, die Schauspieler beim Reiten zu trainieren und für Wagen zu sorgen – eben für alles, was mit dem Transport in jener Zeit zu tun hat. Es ist eine verantwortungsvolle Aufgabe und toll, daß eine Frau sie übernommen hat. In diesem Land ganz ungewöhnlich. Sie hat mich auf Small George gesetzt, der ein wenig scheute. Der Sattel hat zwei Lederausbuchtungen. Man legt seine Beine darum und preßt sich fest dagegen. Sehr gut für die Schenkel. Ich schwanke hin und her und übe mich in Tapferkeit.

MONTAG, 17. APRIL:

Unser Hotel, Alston Country House in Devon, ist sehr großzügig und komfortabel. Wir sind sechs Wochen hier, um die gesamten Barton-Cottage- und Norland-Park-Sequenzen sowie eine Innenszene in Mrs. Jennings' Londoner Haus zu drehen. Ich bin ganz oben im Haus untergebracht, zwischen Dachrinne, Regen und heulendem Wind. Keine Oberbetten, sondern altmodische Laken und Decken und die gute alte Tomatensuppe. England! Hugh Grant kommt morgen an, aber ich habe mir das hübscheste Zimmer unter den Nagel gerissen. Ganz niedrige Decke, kann daher nicht Reeboksteppen, ohne mich selbst k.o. zu schlagen.

Kate kam an und sah leicht verstört aus. Sagte, ihre Einzelproben mit Ang hätten sie zu einem verknuddelten Baumwollfetzen reduziert. Sie übt in ihrem Zimmer an einem Keyboard Klavier.

James Schamus und seine Familie sind hier. Ich habe ihrem kleinen Kind ein Osterei geschenkt. Schnelles Abendessen mit ihnen, Ang und seiner Frau Jane, die für eine Weile mit ihren Kindern zu

Besuch ist. Wir haben über ihre Arbeit als Mikrobiologin und das Verhalten von Epithingalingie unter dem Einfluß von Cholesterin gesprochen. Sie ist von Cholesterin fasziniert. Sagt, es sei sehr schön: hellgelb. Sie sagt, Ang sei völlig desinteressiert und habe keinen Schimmer von dem, was sie macht.

Ich überprüfe das selbst: »Was macht Jane?« frage ich.

»Naturwissenschaft«, antwortet er vage.

Laurie Borg ist aufgetaucht, wilder Blick. Seine Freundin ist früh gegangen, weil ihn nichts anderes interessiert, als endlich mit dem Film anzufangen. So geht es uns allen ... Lange psychologische Charakterstudien während des Abendessens. Warum trägt Morag (Ross, Maske) immer Schwarz? Laurie glaubt, sie sei sehr spirituell. Wir alle finden, daß Lindsay weniger hart arbeiten sollte. James glaubt, daß der National Trust (Ausschuß für Denkmalschutz und Landespflege) uns alle ziemlich verdächtig findet. Er mußte einen Vertrag unterschreiben – sonst hätten sie uns nicht genehmigt, morgen auf Saltram aufzubauen. Was bedeuten würde: keine Strahler und somit keine Aufnahmen. Ich versuche, mich diesem neuen Heim- und Familienleben anzupassen. Den Umständen entsprechend ganz ruhig. Meine Nägel und Fingerhaut sind geradezu unanständig abgekaut.

Beim Abendessen verfallen Kate und ich ins Mädchenhafte: »O nein nein nein, ich esse nichts, na gut, in Ordnung, aber nur eine Kleinigkeit, oh, sieht das gut aus, kann ich mal probieren, reicht das doch mal rüber, willst du das etwa aufessen? Himmel nein, natürlich keinen Pudding, oder mit vier Löffeln, nur ein kleines bißchen, nur um mich zu entspannen, nein, laßt die Flasche nicht zurückgehen, das ist Verschwendung, ganz bestimmt keinen Kaffee, gibt es koffeinfreien?« Usw. Es ist jämmerlich. Ich bin sechsunddreißig und schäme mich für mich selbst.

Mein Bad sieht aus wie die Kosmetikabteilung bei Harvey Nicks. Vorwiegend Aromatherapieöle, die ich nie benutze: Ruhe. Harmonie. Anti-Depression. Ruhige Zeit. Tiefe Entspannung. Anti-Streß. In der Wanne ist eine Duschvorrichtung, die nichts Gutes verheißt. Habe in einen Ghettoblaster investiert. Händels Messias reingeschoben, bis ich deprimiert war.

Ins Bett mit Drehbuch, Austens Briefen, wundem Rücken und Wind. Innen und außen.

DIENSTAG, 18. APRIL:

Wie eine Tote geschlafen. Beim Frühstück mit Lindsay Mund an sehr heißem Porridge verbrannt. Wir haben über die »Novelisation«-Frage gesprochen: Das Studio bezahlt jemanden, der mein Skript in einen Roman umschreibt und diesen anstelle von Austens Buch verkauft. Ich habe gesagt, daß ich mich aufhänge, wenn das passiert. Ekelhafte Vorstellung. Schlimmer als ekelhaft.

Lindsay sagte dazu, der Herstellungsleiter, mit dem sie diesen Punkt diskutiert hatte, habe gesagt: »Als Mensch stimme ich mit Ihnen überein –

aber ...« Ich habe so lange gelacht, bis mein Porridge genug abgekühlt war, daß ich es herunterbekam.

Zu Hause sind »Viel-Glück«-Blumen von Danny de Vito und Jim Sheridan eingetroffen. Meine Mutter hat sie sich unter den Nagel gerissen. Die Sonne scheint. Auf, um meinen Haaransatz nachfärben zu lassen. Heute abend Begrüßungsparty für die Besatzung und die Crew. Jachtclub in Plymouth. Ich habe nicht die geringste Lust, dahin zu gehen, aber die Idee ist gut.

Kate sieht ein bißchen blaß aus. Die Tapferste von allen, das Mädchen. Ich kann mir nicht vorstellen, in welchem Zustand ich als Neunzehnjährige wäre, wenn ich eine so riesige Rolle vor mir hätte. Sie ist voller Energie und offen, realistisch, intelligent und verbreitet unglaublich gute Laune.

Habe Kräutertees gekauft: Anti-Streß, Entspannung, ruhige Zeit, tiefer Schlaf usw. Habe herumgetüftelt, zusammengekauert. Irgendwie von meinem neuen Musikapparat ausgetrickst – finde nicht heraus, wie man das Band zurückspult. Das neunzehnte Jahrhundert ergreift uns eindeutig schneller, als ich dachte.

Abends halb zehn. Von der Party zurück. Die Mannschaft baute noch auf und kam erst gegen halb neun an. Aber wir zogen herum und begrüßten ein paar Leute, und alle wirkten sehr nett. Hugh Grant kam. Kippte einen halten Liter Bier und stopfte sich ein paar Hähnchenstücke rein, als wäre nichts dabei. Ich habe ein Glas Wasser getrunken und mir Mühe gegeben, mich von den Scampis fernzuhalten.

Morag hat mir einen Lidschattenbehälter gezeigt,

den sie für mich gekauft hat. »Das ist kosmisch«, hat sie gesagt. Ich habe den Deckel geöffnet, und siehe da – ein Austen-Zitat: »Es war ein entzückender Besuch, vollkommen, nur viel zu kurz.« Ein glücklicher Zufall. Ich bin müde und muß ins Bett.

MITTWOCH, 19. APRIL:

War um sechs Uhr auf bei einem unvergleichlichen Himmel und Frost. Eingesunkene Straßen sind wunderschön anzuschauen und die Devon-Lämmer bemerkenswert hübsch. Kam rechtzeitig zum Beginn der *Big-Luck*-Zeremonie, einem buddhistischen Ritual, das Ang am Anfang eines jeden Films durchführt. Er hatte einen Tisch auf Holzblöcken aufgebaut, mit riesigen Reisschalen, zwei Gongs, Räucherstäbchen, Orangen (für Glück und Geschick), Äpfeln (für sichere und glatte Aufnahmen), einem Strauß großer, rotblättriger Blumen (für den Erfolg) und einer unförmigen Ananas (für gutes Gedeihen). Alle haben Räucherstäbchen angezündet, sich gemeinsam in Richtung der vier Himmelsrichtungen verbeugt und zu dem Gott ihrer Wahl ein Gebet gesprochen. Die Kamera wurde auf dem Dolly (einer kleinen, mit Rädern ausgestatteten Plattform, auf der sich die Kamera, der Kameramann und der Kamera-Assistent befinden) hereingebracht, um gesegnet zu werden, und ein, zwei Meter Film wurden abgerollt. Ang schlug die Gongs, wir jubelten alle und gaben Weihrauch in die Reisschalen. Ich habe geweint. Al Watson, einer der Beleuchter (oder »Sparks« – »Leuchten«), kam an Ang vorbei und fragte: »Soll das hier jeden Tag passieren, Chef?«

Die Proben beginnen mit Kates und Gemmas erster Szene – schwierig als Anfang, sehr intim und voller Kummer. Sie sprechen über Elinors wachsende Zuneigung zu Edward, und in ihren Antworten enthüllt Marianne ihre romantischen Gefühle und beschwört das Bild ihres idealen Mannes. Gleichzeitig ist uns bewußt, daß sich hinter Mrs. Dashwoods ebenso romantischen Visionen eine kantigere Wirklichkeit verbirgt: Sie muß ihre Töchter um deren finanzieller und sozialer Sicherheit willen unter die Haube kriegen. Es ist schwierig, das Gleichgewicht zu halten zwischen tiefer Vertrautheit mit einem Charakter einerseits und Information für die Zuschauer über ihn andererseits. Mir ist sehr daran gelegen, daß wir uns keine falsche Gefühlsduselei gestatten – die sentimentalisierte »enge« Familie, in der sich ständig alle streicheln. Ich glaube nicht, daß es sie gibt. Weder Gemma noch Kate sind sentimental, aber trotzdem muß man darauf ständig ein Auge haben.

Margarets Baumhaus ist palastartig. Nicht ganz so, wie ich es mir vorgestellt hatte. Großartiges Ding. Ehrenamtliche vom National Trust umkreisen uns mit Adleraugen. Der Empfang auf Saltram war nicht der wärmste. »Dieses Haus ist viel älter als irgendeiner von Ihnen und verdient Ihren Respekt.« Wir alle kommen uns wie eine Gruppe ehrloser Herumlungerer vor. Ganz offensichtlich rechnen sie damit, daß wir den Ort verwüsten. Allerdings ist es wirklich beunruhigend, allein die Größe der Filmcrew zu sehen (ungefähr hundertzwanzig Leute) und den riesigen Umfang der Ausrüstung. Der Ausdruck auf den Gesichtern der Ehrenamtlichen schwankt zwischen gleichgültiger Schüchternheit und nervösem Schrecken, als wieder ein Kraftmeier hereingetrampelt kommt, dessen wuchtige Metallteile an den Stiefeln die Zierleisten nur um Haaresbreite verfehlen.

Die Sparks sind aber sehr respektvoll. Mir fällt ein großer Blonder auf, der auf eine arische Weise unverhältnismäßig hübsch ist, und ich stoße Al Watson in die Rippen. »Wer ist denn *das*?« frage ich.

»Paul Kemp«, antwortet er. »Ja, ja, ich weiß schon. Und es ist wirklich seine Haarfarbe, nicht gefärbt. Wir nehmen ihn ganz schön auf den Arm, den armen Kerl.«

»Wieso, es ist doch immer nett, wenn man etwas Schönes anschauen kann«, murmele ich.

»Bin wohl nicht gut genug für dich, oder?« sagt Al, der mir daraufhin etwas von dem ausgezeichneten Brotauflauf seiner Frau zusteckt. Al hat letztes Jahr bei *Carrington* mitgearbeitet. Die Welt ist klein.

Saltram ist ein wunderbares Haus – aber wie allem, das erhalten, aber nicht benutzt worden ist, fehlt ihm die Atmosphäre. Darum werden wir uns baldmöglichst kümmern müssen …

Chris Newman (der erste Regieassistent, der die Geräte kontrolliert) und ich haben in fünf Filmen zusammen gearbeitet (*Viel Lärm um Nichts*, *Wiedersehen in Howards End*, *Peter's Friends*, *Was vom Tage übrigblieb* und diesem), und er hat immer gleich ausgesehen. Ein Hauch von Indiana Jones, Filzhut, Tropenanzug, langes blondes Haar, bärtig, mit einer leisen, befehlserprobten Stimme.

Bernie Bellew, der zweite Regieassistent, organisiert alles von der Basis an und ist verantwortlich dafür, daß die Schauspieler rechtzeitig am Aufnahmeort sind. »Basis« umfaßt die Schauspielerwagen, Haar- und Make-up-Busse, Verpflegungsbusse, Toiletten, Aufbau und Elektrik, Generatoren und so weiter. Sieht aus wie die Rückseite einer Kirmes. Bernie ist ein junger, sanfter Mann mit blauen Augen und Haaren, die bereits grau wurden, als ich ihn 1988 bei *Das lange Elend* kennenlernte.

Ben Howard ist unser dritter RA. Groß, mit in die Ferne blickenden Augen, die durch seine Tüchtigkeit Lügen gestraft werden. Er jagt uns alle herum und ist dauernd in Bewegung, während er über seinen Kopfhörer Bernies Anweisungen lauscht.

Mit ihrem liebenswürdigen Charakter verkörpert Rebecca *Becca* Tucker, der (weibliche) Laufbursche, den Inbegriff einer englisch erzogenen Person, dabei hat sie gleichzeitig ein festes Händchen. *Lauf*bursche ist eine gute Jobbeschreibung: Sie erledigt alles mit Tempo.

Drei Szenen weiter. Gemma und Kate triumphierten und veranstalteten ein Riesendurcheinander. Nervenaufreibend, die erste Aufnahme von egal was. Hugh und ich spielten Edward und Elinor, die ins Gespräch versunken nebeneinander laufen, und uns wurde kalt. Die Sonne schien, alle zogen ihre gefütterten Jacken aus. Dann hagelte es. Danach zog ich die *Big-Luck*-Zeremonie leicht in Frage, aber Ang schien ganz zufrieden über die Wolken zu sein. Paparazzi tauchten wegen Hugh auf. Wir mußten uns unter einen Baum stellen und für sie lächeln.

Fotograf: »Hugh, könnten Sie etwas weniger … hmm …«

Hugh: »Gequält aussehen?«

Meine erste Regisseurbemerkung (kritisch) von Ang: »Sehr schwerfällig.« Ein leichter Schlag. Dann: »Sieh nicht so alt aus«, was auch nicht half. Aber wir haben angefangen. Wir sind jetzt dran. Am Ende des Tages frohlockte er, kein Wunder, da es kaum irgendwelche Pannen gab. Viele Zuschauer, auf ruhige Art interessiert.

Zu Hause um acht Uhr abends. Ich brauchte zwei Stunden, um das Make-up zu entfernen, zu baden, Anrufe zu machen, eine Birne zu essen und einige entspannende Räucherkerzen anzuzünden. »Für die Nacht«-Teebeutel und Anti-Streß-Öl in die Wanne. Nichts hilft. Ich stehe unter Strom.

DONNERSTAG, 20. APRIL:

Auf um sieben nach einem mehrfach unterbrochenen Nachtschlaf. Sehr kalt. Zwei Lämmer auf der Straße gefunden, wollten sie wieder zurück zu ihrer Mutter treiben, haben aber schrecklich versagt. Sie mitten in einem Busch zurückgelassen, von wo aus sie uns wütend anblökten. Porridge, Toast und ein großer Topf Tee während des Make-ups. Schmerzhafte Haarnadeln. Dauerte sehr lange, bis die Beleuchtung stimmte. Edward findet Elinor, die um ihren toten Vater weint, bietet ihr ein Taschentuch an, und ihre Liebesgeschichte beginnt. Ang sehr darum bemüht, daß wir daran denken, was wir *tun* wollen. Ich bin sehr bemüht, nichts zu *tun* und auch sicher nicht daran zu denken.

Vom Üben mit den Federkielen habe ich überall Tintenflecke. Kate heute sehr ruhig und glücklicher. Ich glaube, sie hat ihre Spur gefunden und läuft jetzt in ihr. Den ganzen Tag drinnen, Gott sei Dank.

Der Morgen mit Hugh ist nur so vorbeigeflogen. Er ist wirklich ein so großartiger Schauspieler, wie ich immer gedacht habe. Sein Spiel: leicht und doch sehr intensiv. Er hat den Edward ziemlich verwirrt und stockend gegeben, fast stammelnd. Das ist besonders gut, weil es deutlich macht, wie entspannt er sich mit Elinor fühlt, mit der er sowohl komisch als auch flüssig sprechen kann.

Harriet (Walter) hat für Fanny einen Hund ausgesucht. Er ist gepunktet und schüttelt sich die ganze Zeit. Bei ihrer Großaufnahme mußten wir alle mit Keksen vor ihm wedeln, damit er aufhörte, in die Kamera oder auf seinen Besitzer zu starren. Hat wurde dadurch keine Sekunde aus der Ruhe gebracht, aber der Hund hielt uns für verrückt.

Ich habe erfahren, daß Hugh und ich Ang am Vortag großen Kummer bereitet haben. Er hatte noch nie mit einem Schauspieler gearbeitet, der irgend etwas in Frage stellte. In Taiwan hat der Regisseur das alleinige Sagen. Er spricht, und jeder gehorcht. Hier stellen die Schauspieler ständig Fragen und machen Vorschläge. In diesem Fall hatte er eine spezielle Aufnahme geplant, wo Elinor und Edward durch die Gärten von Norland wandern und sich unterhalten. Hugh und ich hielten es für wichtig, ihren jeweiligen Gesichtsausdruck einzufangen, da man bei so wenig Gelegenheiten sehen kann, wie diese Leute sich verlieben, und die Kamera schien dafür zu weit weg zu sein. Tatsächlich zeigte sich, daß seine Idee viel besser als unsere war, aber daß wir überhaupt eine Idee hatten, war für ihn ein echter Schock, und er war tief verletzt und verwirrt. Heute besser, nachdem Lindsay und James ihm erklärt haben, daß das völlig normale Arbeitsmethoden sind. Wir haben darüber gesprochen, und ich glaube, er fühlt sich jetzt wohler. Ich fühle mich schrecklich – als ob ich Angs ersten Tag verdorben hätte, indem ich nicht einfühlsam genug gegenüber seiner Situation war. Es muß beängstigend gewesen sein – neue Schauspieler, neue Crew, neues Land und dann noch wir, die mitmischen wollten.

Frustrierend, wieder einmal zu erkennen, wieviel ich noch lernen muß, um nicht immer zu ungeduldig zu sein und nicht immer alle mit meiner Meinung zu überfahren. Völlig am Boden zerstört ins Bett.

FREITAG, 21. APRIL:

Nicht viel Schlaf. Habe mich letzte Nacht derart selbst verteufelt, daß ich halb darauf gefaßt war, mit zwei kleinen Hörnern aufzustehen. Gestern abend Ang geschrieben – diese Angelegenheit mit dem

Kulturschock wirkt offensichtlich in beide Richtungen. Ang umarmte mich und sagte, er sei von meinem Brief so bewegt gewesen, daß er nicht schlafen konnte. Wir sind also alle wieder auf der Reihe, aber ich bin jetzt mit meinen Vorschlägen vorsichtig. Ich bin entsetzt, daß Emilie François (Margaret) mit ihren zwölf Jahren scharf darauf ist, »ein paar Kilos abzunehmen«. Fängt dieser ganze Horror heutzutage wirklich schon so früh an? Ich habe vor mich hingewütet und ihr ein Stück Orangenkuchen aufgezwungen.

Ich erfriere!

Keine Dramen. Lindsay und James erleiden ebenfalls einen leichten Kulturschock und sind vom allgemeinen Tempo leicht frustriert. Ang erwartet von den RAs, daß sie harte Burschen sind, und sie erwarten dasselbe von ihm. Also ist keiner hart, und alles bewegt sich langsam voran. Der Anfang eines Films ist so, als beobachte man einen riesigen neugeborenen Hundertfüßler, der versucht, sich auf seine hundert Füße zu stellen und zu laufen. Stolpert so lange, bis er herausgefunden hat, wie er seine Bewegungen koordinieren kann. Jeder Film braucht zwei bis drei Wochen, um seinen Schritt zu finden – einige finden ihn nie. Ich glaube, der Schlüssel dazu liegt in guter Kommunikation.

Von Columbia Pictures ist ein Care-Paket eingetroffen: Morgenmantel, Hausschuhe, Badekissen, Decke. Ein *Care*-Paket, *Fürsorge!* Hatte halb ein sogenanntes »Zimmer«-Gestell erwartet (eine dieser Gehhilfen, die man bekommt, wenn man alt und wacklig ist). *Sehr* freundlich. Sogar fürsorglich …

Roastbeef und ein Stück Schokolade zum Mittagessen. Sehr yang. Ich stolpere andauernd über meinen Rock und fluche.

Neun Uhr abends. Alston Hall. Zurück nach getaner Arbeit, keine Dramen. Furchtbar aufgedreht. Adrenalin fließt. Sogar nach so langen Tagen schwierig einzuschlafen. Die Stundenzahl variiert – nie weniger als zwölf; heute fünfzehn. Ang achtet sehr auf das Yin und Yang von *Verstand und Gefühl*. Seine Gefühlswelt sehr unsentimental, wie Austens. Sie sind bemerkenswert verbunden. Sie wäre erstaunt.

Manchmal sind acht oder mehr Freiwillige vom National Trust im Raum, wenn wir filmen, alle in unterschiedlichen Mißtrauenszuständen. Der Feueralarm ging an. Die Feuerwehrwagen kamen angerast; wir sind alle auf die Kiesauffahrt gestürzt, jeder dachte, wir hätten ihn ausgelöst. Tatsächlich hatte eine betagte Einwohnerin von Saltram in ihrer

Wohnung eine Pfanne auf dem Ofen vergessen. Anscheinend passiert das ständig. Die betreffende Mieterin tritt als Statistin auf – spielt eine der Köchinnen.

Riesiger Pickel auf meiner Wange. Bodyguards für Hugh, armer Kerl. Ah, was gehört nicht alles dazu, ein Matinee-Idol zu sein und von Verrückten verfolgt zu werden.

SAMSTAG, 22. APRIL:

Scheine in diesen Tagen nicht schlafen zu können. Wurde um ein Uhr wach in der Überzeugung, es sei an der Zeit aufzustehen. Wieder ins Bett mit einem Stirnrunzeln, einer Pflaume und *IHREN* Briefen. Wilde Träume, nachdem ich einmal eingeschlafen war.

Das Hotel schaltet die Zentralheizung an Wochenenden eindeutig spät ein. Friere um halb sieben und kein heißes Wasser.

Halb elf. Es schüttet nur so und ist sehr kalt, was jeden deprimiert. Riesige Tüte Bonbons gekauft, die wir alle geräuschvoll lutschten.

SONNTAG, 23. APRIL:

Ein Uhr morgens. Endlich soweit, ins Bett zu gehen, nach einem unglaublich vollgepackten und erfolgreichen Tag. Wir haben den Abschnitt in Saltram

Der Familienstammsitz der Dashwoods, Norland Park

Marianne Dashwood (Kate Winslet)

Ein Dorf in Sussex

Edward Ferrars (Hugh Grant) nähert sich Norland Park

Elinor Dashwood (Emma Thompson) und Edward Ferras (Hugh Grant)

Elinor (Emma Thompson) und Marianne (Kate Winslet) verlassen Norland Park.

Mrs. Dashwood (Gemma Jones) und ihre drei Töchter, Elinor (Emma Thompson), Marianne (Kate Winslet) und Margaret (Emilie Francois) vor ihrem neuen Cottage.

Sir John Middleton (Robert Hardy) und Mrs. Jennings (Elizabeth Spriggs)

Marianne (Kate Winslet) beim Schilfrohrschneiden.

Colonel Brandon (Alan Rickman) hat sich in Marianne verliebt.

Marianne (Kate Winslet) und Margaret (Emilie Francois)

Die verletzte Marianne (Kate Winselt) wird von Willoughby (Greg Wise) nach Hause gebracht.

Elinor (Emma Thompson)

Voll Übermut: Willoughby (Greg Wise) und Marianne (Kate Winslet)

Elinor (Emma Thompson) und Mrs. Dashwood (Gemma Jones) grübeln über dem Haushaltsbuch.

Willoughby (Greg Wise) und Marianne (Kate Winslet)

Vorbereitungen auf das Delaford-Picknick

abgeschlossen, ohne eine Szene geschmissen zu haben. Ein paar Aufnahmen mußten wegfallen, aber ich glaube nicht, daß sie notwendig sind. Ang sehr erleichtert. Mick Coulter (Aufnahmeleiter – aus Glasgow, witzig, Perfektionist) und Phil Sindall (Kameramann – schüchtern, feinfühlig, geduldig) sind zufrieden. Es ist eine außergewöhnliche Leistung von allen Beteiligten, wenn man die schwierigen örtlichen Bedingungen der Aufnahmen bedenkt. In ein paar Tagen kommen wir hierher zurück und beenden die Norland-Aufnahmen.

Letzte Nacht aufgewacht und aus irgendeinem Grund geweint. Wahrscheinlich vor Erleichterung.

Harriet und Gemma legten jedesmal in der Eßzimmer-Szene ausgezeichnetes Spiel hin. Schauspielausbildung …

Hugh Grant spendierte uns allen Drinks. Wir saßen in der Bar und machten alberne Spiele – Lindsay ist in ausgezeichneter Verfassung. Den ganzen Tag Regen. Wir froren.

Um halb acht nach fünf Stunden Schlaf aufgewacht, gerädert. Den ganzen Tag lang gegessen und in der Sonne gesessen. Wir sind alle knallrosa. Morag wird mich umbringen! Habe den Schlafanzug nach nur einer Woche Tragen in die schmutzige Wäsche gegeben und kam mir verschwenderisch vor.

MONTAG, 24. APRIL:

Neuer Drehort: Das Empfangszimmer von Mrs. Jennings' Londoner Haus wird auf dem Flete-Gut aufgenommen, in der Wohnung des Eigentümers. Der Rest von Mrs. Jennings' Haus wird in Salisbury gedreht. Die meisten Drehorte im Film werden aus verschiedenen Gebäuden zusammengesetzt. Selten findet man alles, was man braucht, an einem einzigen Ort, und Ang ist hinsichtlich Dimensionen, Farben und Licht in einem Raum sehr genau.

Mittag. Lange Probe mit Imogen Stubbs als Lucy, in der Szene, wo Edward hereinkommt und sie mit Elinor antrifft. Es gibt achtzehn Setups. (Jede Aufnahme wird als Setup bezeichnet. Wir neigen dazu, bei jeder Einstellung alles bis zu zehnmal aufzunehmen. Die Nummer der Szenenaufnahme wird auf eine Schiefertafel oder »Klappe« geschrieben, und manchmal wird eine Aufnahme auch Klappe genannt.) Wir werden zwei Tage brauchen. Hugh hat seinen Bafta (British Academy of Film and Television Arts, britische Variante des Oscar) für *Vier Hochzeiten* erhalten und war gut in der Szene. Bastard.

Abends halb neun. Zurück nach Alston Hall. Regen. Suppe, Glas Wein. Sehr schwierige Szene und alle etwas müde, aber trotzdem gute Konzentration. Vier Leute in einem Zimmer, alle mit völlig unterschiedlichen Motiven und Reaktionen auf dieselbe Situation, erfordert viele Aufnahmen aus verschiedenen Perspektiven. Ang ist dazu übergegangen, ein – wie er es nennt – »geziertes Lächeln« zu verlangen.

»Reizendes geziertes Lächeln, bitte« – was ich ganz schön schlau finde.

»Versuch ein unerbittliches geziertes Lächeln« – noch schlauer. Ich versuche es, schaffe es aber lediglich, vor Anstrengung purpurrot anzulaufen. Sehr wenig Appetit.

DIENSTAG, 25. APRIL:

Graue sechs Uhr morgens. Wir machen mit der Szene weiter. Es ist Hughs Großaufnahme. Nach sieben Aufnahmen sagt Ang zu Hugh: »Nun mach's mal wie ein schlechter Schauspieler.«

Hugh: »Hab' ich doch gerade.«

Wenn Ang bekümmert ist, hält er seine kleine Hand gegen das Gesicht und bekommt eine kleine Falte auf der Stirn.

Chris Newman wird vierzig. Wir gratulieren alle. Das Korsett hat meinen Magen zu Matsch zerdrückt. Das Studio ist glücklich mit dem Tagesmuster (auch »dailies« oder »rushes« genannt: entwickelter Film, den die Regisseure, Produzenten und verschiedene andere am Ende des Tages ansehen). Das wird auch umgehend in die Staaten geschickt, damit alle verantwortlichen Produzenten überprüfen können, daß sie ihr Geld nicht zum Fenster hinauswerfen ... Manchmal sehen sich auch die Schauspieler die Muster an, wenn der Regisseur es ihnen erlaubt. Ang möchte das nicht. Mir ist das egal, da ich sie mir sowieso nie ansehe. Das einzige Mal, als ich das tat, war 1987 bei *The Fortunes of War* – anschließend wollte ich kündigen, einen Entschuldigungsbrief hinterlassen und mich umbringen.

Ich gehe zu Fuß zur Arbeit. Magie: Fasane, Kühe, Horizonte. Obstsalat und Toast, Schokoladenplätzchen um elf, Bohnen- und Linseneintopf, Erbsen, Spinat und Reis, Apfelstücke und Vanillesauce zum Mittagessen, drei Sandwiches zum Nachmittagstee, kein Abendessen – Appetit eindeutig wieder hergestellt.

Hugh schlaff. Ich habe ihm gesagt, er besitze das Durchhaltevermögen einer Schnecke. Hatte den Eindruck, daß wir heute allesamt eher »periodisch« spielen sollten. Äußerst durcheinander. Aber wir haben die Szene fertiggestellt, ein kleines Wunder. Man rechnet nicht damit, an einem Tag neun Einstellungen zu schaffen, da jede eine andere Beleuchtung erfordert. Dann übernehmen die Sparks die Anlage und bewegen die Strahler umher, und die

Schauspieler ziehen sich etwas zurück und plauschen miteinander. Das kann bis zu drei Stunden dauern. Mick und Phil leicht grau wegen der Bergschlucht.

MITTWOCH, 26. APRIL:

Fertig geworden in Flete mit der Szene, wo Elinor Edward im Auftrag von Colonel Brandon die Stelle in Delaford anbietet. Sehr bewegend, das Herzeleid hinter den Höflichkeiten, Edwards Versuch einer Entschuldigung, die große, unausgesprochene Liebe zwischen den beiden. Ich schaffte es nicht, durch die Probe kommen, ohne bei dem Gedanken, jemanden so unwiderruflich zu verlieren, zu weinen ... Haben die gesamte Szene in vier Stunden oder weniger (fünf Setups) hinter uns gebracht, nicht schlecht, und Hugh war großartig. Ich mache ihn mit all meinen zuneigungsvollen Umarmungen nervös, aber im allgemeinen ist er sehr lieb zu mir. Schön, aus diesem Zimmer heraus zu sein.

Es ist drei Uhr nachmittags, und wir sind wieder in Saltram. Wetter wechselhaft, daher drehen wir möglicherweise die Stallszene. Alle völlig fertig, da das Ansehen des Musters sich bis Mitternacht hinzog, und leicht verdrossen. Das Material ist weiterhin in Ordnung, so daß es keine wirklichen Probleme gibt. Lindsay verlangt mehr Gefühl, Ang weniger. Hugh verlangt ein bißchen, und ich weiß nicht mehr, wer ich überhaupt noch bin. Ang gewöhnt

sich langsam an die Art, wie wir arbeiten – er sagt, englische Crews sind langsamer, aber das liegt daran, daß es mehr gegenseitigen Respekt gibt und die RAs die Leute nicht so anschreien wie in Amerika. Ich glaube, ihm gefällt das.

Wir dürfen in Saltram kein Möbelstück berühren oder verschieben, was zu grotesken Szenen führt. Heute habe ich eine ältere Dame gesehen, eine der Ehrenamtlichen (die die Möbel berühren dürfen), die gefragt wurde, ob wir eine antike Bank zur Seite schieben dürften. Sie hängte sich entschlossen ihre Handtasche über die Schulter, hob die Bank hoch und schwankte auf hohen Absätzen davon, während sechs starke Requisiteure völlig verwirrt dabeistanden und tatenlos zuschauten.

Um neun Uhr abends mit Drehbuch ins Bett. Wieder im Zeitplan. Morgen zwei große Szenen. Werde immer geschickter mit dem Federkiel.

DONNERSTAG, 27. APRIL:

Neun Stunden lang geschlafen! Zeit für ein richtiges Frühstück. Small George (Elinors Pferd) schlief unter den Lichtern im Stall immer wieder ein und mußte regelmäßig angestoßen werden, damit er den Kopf hochhielt. Ang fing in den Ställen an zu rauchen, wurde aufgefordert, es zu lassen – zweimal –, und rannte mit wedelnden Armen und leicht bestürzt hinaus.

Ang: »In Taiwan dürfen Regisseure genau das

tun, was sie wollen.« Dann kicherte er. Stand rauchend im Regen und beschrieb, wie man ihm in Taiwan mit Stühlen, Aschenbechern, nassen Handtüchern und Tee in unermüdlicher Aufmerksamkeit hinterherlaufen würde. Wir standen alle um ihn herum, sahen ihn an und lachten.

Im Hotel ist heute abend eine Hochzeit, deshalb sind wir alle für eine Nacht in einem anderen Hotel in Plymouth.

FREITAG, 28. APRIL:

Sechs Uhr früh Anruf. Ich bin nachts um halb drei aufgewacht und fühlte mich düster. Nette leichte Szene heute morgen, aber ich komme mir unattraktiv und untalentiert vor. Ich sehe aus wie ein Pferd mit dauergewelltem Pony. Filmten die Gedicht-Szene, wo Marianne Edward aufzieht. Gemüse und Reis gegessen.

Abend in dem neuen Hotel mit Blick auf Sainsburys Parkplatz. Ganz gehörig ins zwanzigste Jahrhundert zurückverpflanzt. Brauchte eine Ewigkeit, bis ich mit der Schlüsselkarte hereingekommen war. Hasse das. Ich mag einen ordentlichen Schlüssel, was sicher irgendwas bedeutet. Austen ganz scharf auf Schlüssel, wenn ich mich richtig erinnere. Hugh und ich fragen uns, ob wir überhaupt was taugen. Kate wirkt sehr mit sich im reinen. Unabhängige Seele. Sie hat sich freigenommen, um *Betty und ihre Schwestern* anzusehen. Dieses Hotel ist unsäglich düster.

SAMSTAG, 29. APRIL:

Ganz vernarrt in Hotel. Wie ein Stein geschlafen. Auf um halb acht. Bei der Arbeit über die Entscheidung diskutiert, einige Schauspieler in einem anderen Hotel als unserem unterzubringen – schlecht für die Moral –, und auch über die Party, die am Samstag, dem 13., gegeben werden soll – gut für die Moral.

Hugh G. sagt, er findet die Arbeit sehr technisch. Ich weiß nicht genau, was er damit meint, nicke aber mitfühlend. Ich komme mir wie die allerabstoßendste alte Schachtel vor. Zeitung aufgeschlagen und Fernsehankündigung für *Das lange Elend* und *Viel Lärm um nichts* gefunden, mit groben Kommentaren versehen. Bißchen dämpfend. Freue mich auf etwas Alkohol heute abend und eine vernünftige Mahlzeit, die ich in Ruhe genießen kann. Mein Körper braucht Bewegung, hält sich aber sehr gut. Keine Gewichtszunahme.

Ang schlafend auf dem Dolly vorgefunden, wie eine kleine Puppe auf seinem Stuhl zusammengesunken. Schöne Aufnahme von Elinor und Edward, wie sie nebeneinander gehen und von Fanny und Mrs. Dashwood beobachtet werden. Alles gleichzeitig, hübsch und glatt. Letzter Tag in Saltram. Wollte der Hauptlady vom National Trust eine Schachtel Pralinen schenken, aber dann habe ich sie selbst aufgegessen.

SONNTAG, 30. APRIL:

Null Uhr zwanzig. Suppe und Alkohol in der Bar. Fertig in Saltram. Hurra. Hatte eine mißglückte Großaufnahme am Abend, was weder meiner Stimmung noch meiner Müdigkeit half, aber Ang war philosophisch. Er ist zwar unnachgiebig, aber immer freundlich, wenn wir etwas vermasseln. Ein angenehmer Abend. Ich bin einsam.

Zwanzig nach acht. Von eins bis acht tief geschlafen. Müde, aber nach dem alkoholisierten Abend ruhiger. Ein Bad und dann ein Spaziergang mit Kate vor dem Mittagessen. Beten für gutes Wetter bei der Hochzeit. Greg Wise (Willoughby) tauchte für die Reitszene auf, springlebendig und großartig aussehend. Ließ uns alle etwas zerzaust zurück.

Halb acht abends. Fantastischer Ausflug, sonnige Fahrten, fünf Gänge im Gidleigh Park Hotel und Nacktbaden im Fluß. Ich färbe mein Haar mit Jan (Archibald, Haardesignerin, außergewöhnlich gute Frau). Grauenhafte Woche vor uns. Ans Anmerkungen zu Kate haben sie am Boden zerstört, aber sie sammelt sich wieder. Da mußten wir alle durch, erinnere ich sie.

Micks Witz: Was ist der Unterschied zwischen einem Pig (Schwein) und einem Grip (Kulissenaufbauer)? Ein Pig verwendet nicht die ganze Nacht darauf, den Grip dazu zu bringen, mit ihm ins Bett zu gehen. Er schwört, das beziehe sich nur auf die amerikanischen Grips, aber wie auch immer, es ist entzückend beleidigend. Richard Broome, unser

Grip, ist ein vollkommener Gentleman, soweit ich das beurteilen kann.

MONTAG, 1. MAI:

Traurig, alt und weinerlich heute. Neuer Drehort. Die Wohnwagen Meilen entfernt. Ang geduldig, strahlt Ruhe aus. Hugh hat angefangen, ihn »das Scheusal« zu nennen.

Später: Jeder schleppt sich irgendwie durch den Tag. Hugh zu küssen war sehr schön. Froh, daß ich das erfunden habe. Kann mich auf Austen nicht verlassen, was Liebesszenen betrifft, soviel steht fest. Wir filmen die Szene auf einer buckeligen Brücke. Zwei Schwäne gleiten wie aufs Stichwort ins Blickfeld. Alle gurren.

»Weg mit ihnen«, sagt Ang. »Zu romantisch.«

Nun auf Pferden, was eine Schinderei ist. Schafe und so. Sehr schwieriger Abschnitt, Schafe mit Hörnern und Dauerwelle und zuviel Wolle. Wenn sie auf den Rücken fallen, können sie nicht mehr aufstehen. Jemand muß ihnen helfen. Das kann doch nicht richtig sein. Ang will, daß Schafe in jeder Außenaufnahme und Hunde in jeder Innenaufnahme sind. Ich hab' vorgeschlagen, daß wir die Schafe auch bei den Innenaufnahmen dabeihaben.

Fahrzeuge, Matsch, einspurige Straßen. Unmöglich. Schönes Wetter, so daß wir für morgen voller Hoffnung auf Sonnenschein sind. Ich komme mir heute vor, als hätte ich keine Muskeln. Morag sagt, wir werden die Woche schon durchstehen, und der kommende Feiertag verschafft uns eine zusätzliche Pause.

Ang, nach einer besonders anstrengenden Zeit mit unserer Herde (sehr ruhig): »Keine Schafe mehr. Nie wieder Schafe.«

Halb sechs abends. Sehr viel fröhlicher. Nur die Anspannung, wieder reinzukommen. Hübsche Szene auf den Pferden, die sich alle gut benahmen. Diese Debbie Kaye ist ein Genie. Hugh und ich sind bei dem ersten Take völlig aus der Rolle gefallen; wir konzentrierten uns so stark aufs Reiten und Spurhalten und einander nicht Verdecken usw. Er verwandelte sich in einen Champagnerbaron, und bei mir kam etwas Sidney-Sheldon-artiges heraus. Sind anschließend zwar wieder auf die Reihe gekommen, aber so etwas führt einen vor. Gareth Wigan (Herstellungsleiter von Columbia und ein großer Befürworter des Projekts) aufgetaucht – wirkt sehr zufrieden. Kate und ich haben eine schnelle Aufnahme auf einem Hügel gemacht. Ich ziehe alle zehn Minuten Hüte, Stiefeln, Haarnadeln, Haarteile, das Korsett und verschiedene Röcke an und aus. Zerstückelter Tag. Morgen wird es schwierig und aufregend, und jeder ist dabei. Die ganze Besetzung, außer Imogen und Richard Lumsden.

Zehn nach neun. Bett. Imelda (Staunton) aus Inverness eingetroffen. Alan (Rickman), ebenfalls gerade angekommen, ist in der Bar mit Hugh G., Mick und Kate.

Beginnender Mundschwamm bei mir. Zum

Glück hatte Kate etwas Ziegenjoghurt dabei, den ich mit leidlichem Erfolg aufgetragen habe. Ang hat uns heute über sein frühes Sex-Leben erzählt. »So schmerzhaft«, sagte er und lachte dann lange.

DIENSTAG, 2. MAI:

Gegen sieben nach unruhiger Nacht aufgewacht. Dicker Nebel. Gewaltige Aufregung in Berry Pomeroy, dem entzückenden Dorf, wo wir die Hochzeit filmen. Und Nebel. Wir versuchen uns einzureden, daß es eine interessante Idee sei, die letzte fröhliche Aufnahme von Mariannes und Brandons Hochzeit in dickem Nebel zu machen.

»Ist mal was anderes«, sagt Lindsay.

»Irgendwie östlich«, füge ich, nach dem letzten Strohhalm greifend, hinzu.

MITTWOCH, 3. MAI:

Gestern ein Triumph, finde ich, und das herrlichste Wetter, das man sich vorstellen kann. Der Nebel verschwand aufs Stichwort. Ang beim Frühstücken vorgefunden: zwei Eier, ein Bückling, ein Milchbrötchen und Stachelbeermarmelade. »Was ist denn daran so komisch?« wollte er wissen.

Für Greg der erste Tag. Es ist so, als stieße ein Fohlen zu einer bereits fertigen Karawane. Alan

Rickman großartig in der Uniform. Er und Kate sehen zusammen wundervoll aus.

Hochzeit fertig. Glücksgefühle. Zwei Kameras, unsere und eine Steadicam (die auf den Körper des Kameramanns geschnallt wird und beweglichere Bildführung ermöglicht), um den Auszug – ein in der Tat ziemlich pantomimischer Marsch – von Marianne und Brandon aus der Kirche ins Bild zu bekommen, sowie hinter ihnen Mrs. Dashwood, Margaret, Elinor und Edward (die bereits verheiratet sein sollen; aber mir will es so vorkommen, daß es wie eine Doppelhochzeit wirken mag. Deprimierender Gedanke – zu glatt) … Mrs. Jennings und Sir John, die Palmers, John und Fanny. Es ist Alans erster Tag und gleichzeitig sein letzter Auftritt in dem Film. Ziemlich verwirrend.

»Versucht *ihr* es doch«, sagt er düster. »Ich habe noch keine einzige Szene gespielt und bin schon verheiratet, mit euch allen im Gefolge …«

Er ist mißtrauisch, was hinter seinem Rücken passiert, aber ich versichere ihm, daß wir uns alle sehr gut benehmen und versuchen, keinen Sturmangriff gegen ihn zu machen. Die Kinder vom Dorf tauchen als Statisten auf – ich plaudere ein wenig mit ihnen. Sie haben alle Namen wie Jacob, Saul und Abraham. Hugh G. macht zwischen den Takes ein Nickerchen auf den Kirchenbänken. Ein Pfau sitzt auf dem Baum gegenüber der Kirche und stößt den ganzen Tag seinen klagenden Schrei aus.

DONNERSTAG, 4. MAI:

Organisieren die Party. Fröhlicher. Lisa Henson (Produktionsleiterin bei Columbia) rief gestern an, als wir gerade Greg zusahen, wie er den Zweispänner (ein speziell für diese Aufnahme gebautes Prachtexemplar, hellgelb mit schwarzen Rädern, sexy Gefährt) mit hoher Geschwindigkeit bergauf lenkte – sehr gefährlich. Durch unser Jubelgeschrei haben wir den Klang am Ende der Aufnahme versaut. Komisch, diese Szene im letzten Nachmittagslicht zu beobachten, während Lisa von einem Columbia-Morgen in L.A. plauderte. Die Muster gefallen ihnen – allgemeine Erleichterung. Eine elektronische Presse-Ausrüstung auf dem Dolly. Ich werde ziemlich ärgerlich. Mag es nicht, von einer weiteren Kamera aufgenommen zu werden. Für Hintergrundmaterial und Interviews, die später zu Pressezwecken benutzt werden, ist aber nötig.

Habe durch mein Kostüm hindurch die Sonne gespürt, es ist wie auf den Bahamas. Den ganzen Morgen zugesehen, kam nicht vor die Kamera. Alle gutgelaunt. Die Mädchen diskutieren über das unentschuldbare Verhalten einiger Männer, die ihre obszön dicken Bierbäuche ohne den geringsten Skrupel zur Schau tragen und dann einen hirnlosen Kommentar abgeben, wenn eine Frau ein Brötchen ißt. Der Make-up-Wagen ist sehr kampflustig geworden.

Mittagessen mit Alan in seinem Wagen und über das Theater gesprochen. Er war zwei Jahre durch sein Theaterengagement in *Gefährliche Liebschaften* mit Beschlag belegt, so wie ich fünfzehn Monate durch *Me and My Girl*. Ich mag *Abende* einfach zu sehr. Ich bin mir nicht sicher, ob diese vielen Wiederholungen gut für einen sind …

Angs Bemerkung zu Alan: »Einfühlsamer: arbeite mehr.« Alan verblüfft, aber nur vorübergehend. Ang versetzt mich ständig in Erstaunen – sein Geschmack ist vollendet. Manchmal dauert es etwas, bis man herausgefunden hat, was genau er will, aber es ist immer etwas Kunstvolleres. Stelle mir vor, ich würde in Taiwan arbeiten. Führe mir die Einsamkeit vor Augen.

Heute sehr heiß. Halb zehn, und ab ins Bett. Kleine Szene zwischen Elinor und Mrs. Dashwood gedreht. Keine Zeit, keine Konzentration, kein Licht und alle möglichen emotionalen Schwierigkeiten. Ang mit seinen Bemerkungen punktgenau – wir fingen sehr hitzig an und hörten sehr viel ruhiger und fließender auf. Zahllose Mücken stachen uns und fühlten sich von Gems Perücke angezogen – die Windmaschine hielt sie auf Abstand. Krähen krächzten wie bekloppt – wir feuern unmittelbar vor jedem Take Schüsse ab, damit sie für ein paar Minuten still sind. Wer sagt, daß das Landleben friedlich ist? Ang vermißt die Autobahn.

FREITAG, 5. MAI:

Neun Uhr morgens. Habe gerade die letzten Zeilen von Hughs letzter Szene »Mein Herz gehört dir und wird immer dir gehören« fertiggestellt. Tadelloses Wetter. Hugh in guter Form.

Ang zu Hugh: »Jetzt kommt dein großer Auftritt. Ich will dein Inneres sehen.«

Hugh: »Aha. Okay. Dann keinen Druck ...«

Ich bin leicht angespannt – muß als nächstes den großen Tränenausbruch bringen.

Später: Zum Zerreißen gespannt mittlerweile, da die Arbeit heute morgen mich nur vorbereitet hat und wir meine Aufnahmen heute nachmittag machen. Der Make-up-Bus ist wie eine Sauna – das Zeug zerläuft, sobald man es aufträgt. Habe eine Klimaanlage angefordert. Ang wollte heute morgen eine schwierige Aufnahme, und Mick hat es ihm ausgeredet (seiner Meinung nach war die Zeit zu knapp), und dann kam er sich wie ein Tyrann vor. Bei Ang fühlt man sich schnell wie ein Tyrann – aber ich glaube, es wird immer besser.

Hugh G. ist fertig. Er erscheint am Set und sieht in seinen Stiefeln und dem Hemd, das er am ersten Probentag anhatte, an diesem Ort vollkommen unpassend aus.

»Ich werde dich vermissen«, sage ich weinerlich.

»Wirst du nicht«, sagt er.

Er hat natürlich völlig recht, für so was haben wir keine Zeit. Er geht weiter, um sich von jedem zu verabschieden, und dann ist er verschwunden.

Halb elf abends. Um halb zehn fertig geworden; schreibe nun die Szene für morgen um. Sie ist für die uns zur Verfügung stehende Zeit zu kompliziert, muß vereinfacht werden.

SAMSTAG, 6 MAI:

Heute morgen ein unendliches Pensum. Unzählige Dinge zu tun; Lindsay und ich kürzen die Thomas-Szene etwas und bereiten alles für das Eintreffen des Klaviers vor, ich hoffe also, daß wir alles hinkriegen. Habe eine Tasche fürs Wochenende gepackt und bin entschlossen, sobald wie möglich zu verschwinden. Das Haus, das Barton Cottage darstellen soll, liegt ebenfalls auf dem Flete-Gelände und ist einer der schönsten Flecken, die wir je gesehen haben. Versöhnt uns mit einer Sechs-Tage-Woche.

SONNTAG, 7. MAI:

Gidleigh Park Hotel. Hier für ein freies Wochenende. Zum Dartmoor hinübergewandert, inmitten von schwarzgesichtigen Lämmern und Füllen, einen riesigen Fels erklommen und einen kleinen Jungen getroffen.

Ich: Hallo.

Junge: Hallo.

Ich: Das ist ein guter Platz, oder?

Junge: Ja.

Ich: Wenn es nicht diesig wäre, könnten wir meilenweit sehen.

Junge: An klaren Tagen kann man den ganzen Weg bis nach Süd-Devon hinuntersehen.

Pause.

Junge: Das ist etwas, das man nicht kaufen kann.

An diesem Punkt war ich darauf gefaßt, daß er Flügel ausbreiten und zum Himmel aufsteigen würde. Allerdings trug er ein leicht enttäuschendes AC/CD-T-Shirt, was mich wieder auf den Boden zurückbrachte.

DIENSTAG, 9. MAI:

Wechselhaftes Wetter. Früh um halb sieben war es makellos, so daß wir uns für das Picknick fertig machten – was bedeutete, daß Luci (Arrighi, Produktionsdesignerin und eleganteste Frau auf Erden) und die Kunstabteilung der Vorderseite des Cottage das spätere, bewohnte Aussehen verpassen mußten. Baumhäuser u. a. abzubauen dauerte eine Ewigkeit. Nun sind einzelne Wolken aufgetaucht, was bedeutet, daß wir alles sowohl im bewölkten wie im sonnigen Zustand filmen können. Das ist besonders für Mick schwierig. Jeder hetzt mit Polysterin und Flaggen rein und raus, und Terry (Edland, Hauptbeleuchter und »Aufseher«) starrt durch seine dunkle Brille zur Sonne hinauf und schreit: »In ungefähr drei Minuten Sonne« – also schießen wir zuerst einen Take, wenn der Himmel bewölkt ist, dann kommt die Sonne halb hervor, und wir müssen aufhören und wieder neu anfangen. So geht das den ganzen Tag. Frostig. Ich stoße grauenvolle Warnungen aus, bloß keine Sondereinfälle in diese Liebesszenen einzubauen. Das Picknick ist eine wundervolle Kreation von Luci. Exquisit. Es sieht aus wie von den Rothschilds organisiert. Ich bitte Luci, Pasteten, Kuchen, Obst und all die Herrlichkeiten zu entfernen. »Käse, Brot, Äpfel und Bier«, sage ich. »Sie sind arm.«

Luci setzt sich für die Schweinepastete ein. »Die hätten sie in der Speisekammer schon haben können«, jammert sie, während ihr paradiesisches Porträt zerpflückt wird.

Ich bin unnachgiebig.

Vielleicht müssen wir billigere Schafe mieten. Sie sind nicht nah genug aufgenommen, daß man ihre Löckchen bemerkt.

Sechzehn Uhr fünfundvierzig. Ziemlich zügig jetzt. Träge Picknick-Atmosphäre. Schüsse, um die Krähen zu verjagen. Rebhühner kreischen, Schwäne

fliegen mit klatschenden Flügelschlägen über die Flußmündung. Es ist lärmiger als auf der M25. Trinken Tee im grünen Zimmer. Kunstabteilung mit der Innenausstattung beschäftigt – herrliche Farben, wie ein holländisches Gemälde, leicht verblichen.

Viertel nach neun. Zu Hause, mit Verstopfung. Ein Glas Wasser und eine Handvoll Erdnüsse.

MITTWOCH, 10. MAI:

Wetter nun so wechselhaft auf allen Fronten, daß die Tagesdisposition mehr Optionen als eine Pizza-Karte enthält. Unterschiedliche Szenen sind entsprechend der folgenden Voraussetzungen vorgesehen:

1. Schlechtes Wetter (leichter Wind)
2. Schlechtes Wetter (starker Wind)
3. Einigermaßen gutes Wetter
4. Gutes Wetter
5. Graues, ruhiges Wetter

Als ich in der Morgendämmerung aufstand, sah es nach schlechtem Wetter (leichter Wind) aus. Dispo überprüft, die bestätigte, daß die für solche Bedingungen vorgesehene Szene Elinor nicht beinhaltete. Ha, dachte ich und schlief weiter. Bernie rief um zwanzig nach acht an: »Wir brauchen dich nicht.« Ha, dachte ich und schlief weiter. Habe mich schließlich um viertel vor zehn aus dem Schlaf geschält und Porridge bestellt, das ich mit etwas

Marmelade im Bett gegessen habe. Ich war im Himmel.

Aufgestanden und mit Gemma den Drehort besucht. Alle in Regenkleidung und mit resigniertem Blick. Nebelmaschine außerordentlich – eine zylindrische Maschine auf einem Laster, die große, wogende Wolken ausspuckte, die dann vom (leichten) Wind den Hügel hinaufgedrückt wurden. Nick (Wilkinson, ein Stallmeister) absolvierte brillantes Stunt-Reiten für Greg. Big George (Willoughbys Pferd) ist erstaunlich. Ein anderes, speziell trainiertes Pferd steht bereit, bis es fürs Aufbäumen gebraucht wird.

Emilie bis auf die Haut durchnäßt und hat den ganzen Tag lang gefroren. Ich habe ihr hinterher ein Aromatherapie-Bad verabreicht. Kate rollte sich endlos den Hügel hinunter, wobei sie voll Begeisterung all ihre Stunts selbst machte. Regenmaschine. Dann regnete es wirklich, und die arme Mannschaft stand inmitten von special effects sowie auch richtigem Regen. Am Ende des Tages jeder durchweicht und ausgesprochen erschöpft. Ich allerdings habe zu Abend gegessen und mich lange noch mit Alan und Gemma unterhalten. Ein richtiger Hochgenuß.

Meine Termine anläßlich der Vorführung von *Carrington* in Cannes (der Film soll das Festival eröffnen) sieht nach Bestrafung aus. Ich versuche also, das ändern zu lassen. Es ist wirklich ein bißchen zuviel los. Für mich zumindest – ich kann mich nicht auf mehr als eine Sache gleichzeitig konzentrieren. Zu Bett um Mitternacht, nach massenhaft Wein, aber das macht nichts, weil ich morgen einen Tag frei habe – unglaublich!

FREITAG, 12. MAI:

Bernie rief um halb acht an. Die Sonne scheint. Muß arbeiten. *Omeingott.* Starre in vom Wein verquollene Augen im Spiegel und hasse mich.

Willoughby trifft mit Marianne ein. Ang hat gesagt, die Probe war zu hektisch – und daß er schon zuvor auf solche Szenen hereingefallen ist. So vertieft, daß er das Publikum aus dem Blick verliert. Er interessiert sich sehr für den Energiefluß in Filmen. Denkt bei jedem Detail immer auch an die entferntesten Zusammenhänge.

Wilder Vormittag. Kate und Greg tropfnaß und tapfer. Einstellung für eine Aufnahme, die nur bis

zu einer gewissen Stelle in der Szene gehen sollte, aber da Ang keinen Schnitt machte, haben wir einfach weitergespielt. Am Ende der Szene sagte Phil, die Linse sei zu weit eingeschoben, um überhaupt etwas aufzunehmen, aber Ang sagte, er habe einfach nur der Geschichte zugesehen – er hatte nur deshalb keinen Schnitt gemacht, weil es ihm so gefallen hatte. »Versuch bitte, keine Gewohnheit daraus zu machen«, sagte Lindsay, die sich über Filmmaterial und Kosten Sorgen macht. Später sagte Ang, er habe gewollt, daß die Kamera den Raum ins Auge faßte, der Veränderung nachspürte, die ein Mann – und der Sex – mit sich gebracht hatten. Für Ang ist das Haus eine ebenso wichtige Figur wie die Frauen.

Ins Bett um zehn, todmüde. Sehr nasse Leute. Sehr kalt. Cannes ungewiß. Wirklich ein guter Tag – aber es gibt so viel zu tun. Paranoide Täuschungen und Einsamkeit griffen nach mir, ich muß also klüger werden und früher zu Bett gehen.

SAMSTAG, 13. MAI:

Bei wolkenlosem Himmel um sechs Uhr auf. Zur Arbeit zu Fuß gegangen. Jan sagt mir, ich müsse nach Cannes – sie war in der Frage unmißverständlich. Es wäre ein Fehler, nicht hinzugehen, auch wenn es mir den Rest gibt.

Alan R., der sich selbst zum Colonel Weathercover umbenannt hat (»Weathercover« bedeutet, daß anstelle der programmäßigen Außenaufnahmen Innenszenen gefilmt werden, wenn das Wetter nicht stimmt) und sich tagelang im Hotel vergnügen mußte, ist jetzt endlich dabei und sieht eine Spur bestürzt aus. »Ich könnte mich besser fühlen«, entgegnet er auf meine Frage.

Greg heute morgen voller Energie.

Morag: »Nicht mal eine Spritze mit Pferdeschlafmittel bringt ihn zur Ruhe.«

Später gehört:

Kate: »O Gott, mein Schlüpfer ist mir den Hintern hochgerutscht.«

Alan: »Ah, wieder einmal schlägt das weibliche Mysterium zu.«

Den ganzen Tag lang kam die Sonne hervor und verschwand wieder, so daß wir die Szene im Sonnenschein und unter Wolken aufnehmen mußten. Für Alan war es ein anstrengender Morgen – herbeireiten, absteigen, das blöde Pferd festbinden, mit seiner Reitgerte hantieren, seinen Hut absetzen und am abschüssigen Berg Reverenzen erweisen. Deb Kaye lag im Gras und zischte dazu: »Verzieh dich, du Bastard« usw. Nicht Alans glücklichster Moment, aber er war großartig, bezaubernd und männlich.

Viel Hin und Her wegen Willoughbys Ankunft. Sollte sie im ganzen auf einem Master (d. h. einem einzigen Schuß) sein? Die Mannschaft will verschiedene Aufnahmen aus unterschiedlichen Perspektiven. Ang hält mehrere Aufnahmen für nicht erforderlich. Sollte Willoughby Marianne in den Wagen helfen, oder Brandon, oder beide? Sollte Marianne sagen: »Jetzt werde ich wirklich für Sie spielen können, Willoughby«, oder ist das zu direkt, und sollte sie die ganze Gruppe ansprechen? In der Zwischenzeit muß Greg eine Kutsche mit zwei Pferden lenken, an einer vorbestimmten Stelle zum Stehen bringen, sie ruhighalten, während er gleichzeitig spielt und Kate auf ihren Platz hebt, und die Kutsche dann wieder in Gang setzen, als ob er so etwas sein ganzes Leben schon gemacht hätte. Außerdem haben die Pferde angefangen, während der Takes lange und laute Fürze zu lassen. Debbie sagt, das komme vom Devon-Hafer. Insgeheim beschließe ich, morgen das Porridge zu streichen. Deb ist wegen der Pferde so peinlich berührt, als wären sie ihre eigenen Kinder.

Kate erzählt mir, daß die erste Bemerkung, die sie von Ang zu hören bekam, lautete: »Du wirst noch besser werden.« Ich habe gekreischt.

Jetzt regnet es. Die Wetterberichte widersprechen sich alle, und keiner beschreibt auch nur annähernd genau das aktuelle Wetter. Greg und Kate im Zweispänner waren ein wundervoller Anblick – sie haben sich vor Aufregung richtig mitreißen lassen. Wahrscheinlich, weil es ziemlich gefährlich ist.

Wir müssen noch den Anfang der Szene bei bewölktem Wetter aufgreifen. Haben das nun aufgegeben und sind reingekommen, um wenigstens eine Einstellung von der Haarschneideszene mit Gemma zu machen (wo Willoughby von Marianne eine Haarlocke erbittet). Sah fröstelnd den Schwänen und Kormoranen zu, die über der Flußmündung flogen. Wir haben das ganze Gras auf dem Rasen plattgetreten, und es muß für eine Aufnahme aufgeplustert werden.

Allgemeine Heiterkeit. Ich fühle mich erschöpft und neben der Rolle und bitte darum, daß die Szene heute abend nicht mehr gedreht wird. Aber wir müssen sie doch noch machen – der Zeitplan drückt. Ich spiele die Szene müde und daneben. Ang gefällt's.

SONNTAG, 14. MAI:

Achtzehn Uhr. Wir warten auf Tee. An diesem Wochenende findet im Hotel ein »Miniaturbärbasteln« statt. Anscheinend trifft sich eine Damengruppe regelmäßig zu gemeinsamem Schwimmen, Essen, gepflegten Gesprächen und um ihrem Interesse am Miniaturbärbasteln zu frönen. Versuche immer noch, meine Gedanken von ihnen abzulenken.

Die Party am Samstag war wild. Alle nutzten die Gelegenheit, sich gehenzulassen, und waren bereits betrunken, bevor sie auch nur einen Tropfen zu sich genommen hatten. Alan hat mich fast umgebracht, so sehr hat er mich herumgewirbelt. Gegen Mitternacht lagen alle unterm Tisch, außer Greg, der an der Decke hing. Mit einigen Fahrern habe ich mich über die Filmindustrie unterhalten. Sie haben natürlich alles mitbekommen und sind sehr deprimiert darüber, daß nicht annähernd genug Filme in Großbritannien finanziert werden. Dieser Film ist in den Staaten finanziert worden, und die meisten Einnahmen werden dorthin fließen.

Lächerlicher Zustand. Hab' mit Ang Bop getanzt. Sehr guter Tänzer. »Das hab' ich ja seit Jahren nicht

mehr gemacht«, sagte er mit überraschtem Gesichtsausdruck und sprang wie ein Gummiball umher.

Um halb vier nachts mit einem Taxi nach Hause, kotzübel. Ich taumelte in mein Zimmer, wo Harriet Walter (die zusätzlich hergekommen war und mit der ich das Zimmer teilte) schon schlief. Sie fuhr hoch.

»Hilf mir!« jammerte ich.

»O Gott«, sagte sie. »Warum versuchst du nicht zu erbrechen?«

Eine gute Zeile in diesem glasklaren Akzent, dachte ich noch, während ich zur Kloschüssel stürzte.

Angs letzte Bemerkung zu Greg: »Großartig gespielt. Meine Meinung.«

MONTAG, 15. MAI:

Alle sehen leicht geschafft aus. Um sechs Uhr aufgestanden, Himmel angesehen, konnte mir keine Klarheit verschaffen, wie er werden würde, habe mich also gewaschen und bin wieder ins Bett. Bernie hat angerufen und mir gesagt, ich solle im Bett bleiben, rief dann zwanzig Minuten später an: »Komm jetzt.« Endlich scheint die Sonne.

Alan R. in leichtem Schockzustand wegen der Arbeitsmethoden, aber ich habe ihm versichert, daß es klappt. Wir scheinen uns unseren Weg in die Aufnahmen hineinzufühlen. Angs Führungsstil besteht irgendwie darin, uns alle still zu ihm hinzuziehen und darauf zu warten, was passiert. Immer hat er im Kopf, welche Gestalt die Aufnahmen haben sollen, und er kann endlose, schweigsame Minuten nur dastehen und den Szenenfluß durchdenken, um zu erkennen, ob unser Spiel in seine Vision hineinpaßt. Ich finde das sehr inspirierend, aber es ist etwas völlig anderes, als wenn einem jemand sagt, was man tun soll. Mehr Gemeinschaftsarbeit. Mir scheint, ihm gefallen unsere Ideen jetzt besser, da er weiß, daß sie keine Bedrohung oder mangelnden Respekt darstellen.

Siebzehn Uhr dreißig. Wir gehen hinaus, um das letzte Tageslicht für die Begegnung zwischen Willoughby und Brandon einzufangen, kommen dann wieder wegen Alans Großaufnahme herein. Seltsam, daß wir jetzt Alan und Robert Hardy an Bord haben, kommt einem fast wie ein neuer Film vor. Hughs Teil scheint Monate zurückzuliegen und einem anderen Leben anzugehören. In diesem Drehbuch gibt es so viele verschiedene Handlungsstränge, und wir haben uns ausschließlich auf Elinor und Edward konzentriert. Jetzt fängt Brandons Geschichte an. Robert Hardy bringt mit ihm das neunzehnte Jahrhundert herüber, er ist wie in dieser Zeit geboren. Höflich, intelligent und witzig in Tweed. Daß vier Generationen in diesem Film vertreten sind, gefällt mir außerordentlich gut – von Margarets zwölfjähriger Perspektive über die von Elinor und Marianne, beide um die Zwanzig, die von Mrs. Dashwood, Vierzig, bis zu der von Mrs. Jennings, die über Sechzig ist. Kein Dreißigjähriger in Sicht. Ang hat mir meinen dummen Nacken massiert (steif wie ein Brett vom zu langen Tanzen). Brauche heute lange, um in Fahrt zu kommen.

DIENSTAG, 16. MAI:

Zehn Uhr. Jetzt ist das Wetter endgültig umgekippt! Konnte letzte Nacht nicht schlafen, so daß ich sehr dankbar bin, heute nicht vor der Kamera zu stehen. Um neun aufgestanden und mein Fitneßtraining gemacht, Porridge gegessen (trotz der Angst vor Blähungen) und dann raus in den Regen zu den anderen.

Später: Viele sehr frierende, nasse Leute in echtem Regen, effects schon wieder Regen und Nebel. Langsamer Start. Laurie rauft sich die Haare.

Angs sanftes Fluidum scheint nicht ganz so sanft, wenn man durchgefroren ist, aber es läuft alles gut.

Überwiegend gute Laune. Ich stecke in einer sehr anziehend wirkenden weißen Regenhose und Gummistiefeln. Sehe aus, als arbeitete ich in einer Hühnerfabrik. Heute war der Tag, wo ein sehr durchnäßter Greg zu Alan hüpfte und ihn mit seiner üblichen Überschwenglichkeit fragte, wie er sich fühle. Lange Pause, während Alan ihn unter einem riesigen Golfschirm durch halbgeschlossene Lider ins Auge faßte. Dann: »Trocken.« Manchmal erinnert Alan mich an eine Beatrix-Potter-Eule. Ich bin mir sicher, daß er einem im Handumdrehen die Ohren abreißen würde, wenn man sich zu viele Freiheiten ihm gegenüber herausnähme.

Zweiundzwanzig Uhr zwanzig. Mit einem Kräuterkissen von Kate ins Bett. Sie ist um achtzehn Uhr in Ohnmacht gefallen – war zu lange Kälte und Nässe ausgesetzt. Alan traf Ang, der mit gesenktem Kopf und geballten Fäusten auf einer Kiste saß.

»Ich habe sie gequält«, stöhnte er.

»Mach dir keine Sorgen«, sagte Alan. »Du wirst bald schon die Gelegenheit haben, mir das gleiche anzutun.«

Kate bekam Blumen von der Produktion und vier Flaschen Newcastle Brown Ale von den RAs. Wir haben sie in ihrem Wohnwagen langsam aufgewärmt, wobei ihre Füße unter Gregs Achselhöhlen gesteckt wurden. Laut Paul (unserem Sanitäter) ist dies die beste Art, Füße zu wärmen, und sie hat sich sehr gut erholt. Im Hotel hatte man ein riesiges Feuer angemacht, und wir saßen alle mit einem Glas drum herum.

Robert Hardy hatte einen freien Tag und war auf ein zauberhaftes Postamt in Yealmpton gestoßen, von dem er sich kaum losreißen konnte. »Ein echtes englisches Postamt, das nach Staub und Marmelade riecht, mit einer kleinen alten Dame drin, die sich nach meiner Gesundheit erkundigt hat.«

Elizabeth Spriggs ist eingetroffen. Voller Energie verströmt sie Zuneigung wie eine ausgesprochen tröstliche Teekanne.

Das schlechte Wetter bedeutet auch, daß Kate morgen noch mehr im Regen arbeiten muß; wir müssen also sehr vorsichtig sein. Wir saßen heute in einer merkwürdigen winzigen Hütte am Strand, trockneten ihre Strümpfe vor echtem Feuer und dampften leicht. Trotzdem heute gute Arbeit. Willoughbys Auftauchen aus dem Nebel auf einem weißen Pferd. Wir waren alle hin und weg. Ang hat uns ausgelacht.

»Diese Szene ist lächerlich«, war sein Kommentar.

»Sie ist was für Mädchen«, entgegneten Lindsay und ich.

Ist aber auch wirklich naß, dieser Regen.

MITTWOCH, 17. MAI:

Um viertel vor sechs auf, Himmel angesehen. Wurde nicht schlau draus. Gewaschen. Zur Arbeit gegangen. Sie hatten mich gestrichen. Nach Hause. Um sieben wieder ins Bett und bis zehn geschlafen – wie der Blitz aus den Federn. Nun wieder am

Drehort, um Robert Hardy zu beobachten, der in seinem Kostüm wie eine Raupe aussieht.

Später traf ich Ang, wie er mit bekümmerter Miene auf die Flußmündung blickte. Ich stellte mich neben ihn. Nach einem Moment sagte er, mit einer Handbewegung zum Wasser: »Die Flut kommt, die Flut geht, die Flut kommt, die Flut geht – und immer noch kein Sex.«

»Vermißt du ihn?« fragte ich, nachdem ich aufgehört hatte zu lachen.

Er nickte traurig. Es dauert noch Wochen, bis seine Familie wieder kommt.

Kate hat wieder Regen abbekommen. Sie war eine vollkommene Heldin, dazu mit ihrem Sonett auf dem Hügel herzzerreißend. Alan kam und mußte in seiner dicken Tweedhose und Thermojacke einen sehr steilen Berg hinaufrennen. Dann mußte er im Regen stehenbleiben, durch den man heute kaum was erkennen konnte. Gott sei Dank hatten wir Wind und Wolken.

DONNERSTAG, 18. MAI:

Habe es geschafft, heute morgen fast auf meine gesamte Unterwäsche zu pinkeln (die Klowagen sind so eng), so daß ich richtig schlechte Laune habe. Nicht geschlafen. Habe mich mit dreimaligem Frühstücken getröstet. Die Sonne ist draußen. Erstaunlich, daß die Wolken sich nur die letzten zwei Tage gehalten haben.

Robert und Liz kommen nach unten, um ihre Ankunftsszene zu proben. Wunderbar, wie sie innerhalb der kurzen Zeit improvisieren können. Schnelles Umschreiben dieser Szene, und wir haben noch die Zeile drin, daß Kampfer gut bei Schwindel sei. Ich bin daher zufrieden.

Halb zwei. Guter Morgen. Sechs Pferde, drei Wagen, sechs Hunde, sechs Schauspieler – Wahnsinn. Alle warten auf Wolken. Zum Glück für Liz und Robert, die nicht nur brillant, sondern auch standhaft sind. Mein Darm spielt heute verrückt. Es sollten noch einige Szenen mehr auf dem Drehplan erscheinen. Hilfe! Die arme Emilie hatte heute Kopfschmerzen und einen Mathetest. Es ist die Hölle, zwölf zu sein. Diese Woche ist vorbeigeflogen. In der Maske bricht ein Streit aus über einen Orangenkeks.

Sieben Uhr abends. Drehen immer noch. Alan und Greg kamen nach einem herrlichen Tag hereingeschwebt, den sie mit Besuchen einer englischen Weinhandlung und von Pubs verbracht haben. Wir alle haben sie angefaucht. Die Sonne ist herausgekommen, daher wollen wir drinnen weiterarbeiten und später wieder hinausgehen. Proben auch die Gedicht-Szene.

Acht Uhr. Bin jetzt leicht hysterisch. Riesiger Pickel auf dem Kinn aufgetaucht.

Halb elf. Endlich im Bett – viel zu spät.

FREITAG, 19. MAI:

Nachts um halb vier wach geworden. Bin fix und fertig.

Zehn Uhr. Haben schon ein paar Sachen im Kasten, draußen in der Sonne geschossen. Regen zog auf, und wir gingen nach drinnen.

Ang hat einen Reitversuch gemacht. »Das ist leicht«, sagte er, als das Pferd, von Deb geführt, gemächlich dahinlief.

Wir arbeiten an der zweiten Szene zwischen Willoughby und Marianne, wo sie das Sonett gemeinsam lesen. Schwierig, heutzutage dem Gedichtlesen eine sexy Note zu verleihen, aber was könnte er sonst tun? Sie massieren? Müssen Geziertheiten vermeiden. Oh, bitte, laßt nichts geziert wirken, ich würde sterben. Ich würde von der Jane-Austen-Gesellschaft gemeuchelt werden (die sich bei James' Firma in New

York beschwert hat, weil Edward mit Hugh Grant besetzt wurde – wohl zu gutaussehend).

Mein Pickel ist zum Vulkan geworden, und ich bin darüber sehr verbittert.

Achtzehn Uhr. Fand mich auf dem Karussell der Gedichtleseszene wieder, wo ich meinen Part spielte, während ich auf Zehenspitzen zwischen Mikrokabeln trippelte, über Chris (Gurney, Tontechniker, sehr stoisches Individuum) kletterte, Requisiten auf Plastikbierkästen legte und andere aufnahm, mich zwischen das Plastik zwängte und dachte: Was zum Teufel tue ich hier eigentlich? Ich darf wohl sagen, daß ein Ort der Entfremdung einem guttun kann.

Heute nachmittag fingen wir alle an, »Kumbaya« zu singen, was beweist, wie müde wir waren – keiner hatte die Kraft, die Sache zu beenden.

Ich habe eine wundervolle Einladung von einem hiesigen Ehepaar erhalten mit einem herrlichen Satz, der so lautet: »Insbesondere stünde außer Frage, daß jeder darüber unterrichtet werden sollte, daß Sie hier gastlich bewirtet werden, da dieser Landesteil berühmt für seine Schalentiere ist.«

Gemma (zu mir, während ich vor mich hin kritzle): »Ich will nur hoffen, daß dieses Tagebuch keine Verleumdungen enthält.«

Gemma ist ein Wunder. Sie sieht so unschuldig und rein aus, und dann öffnet sie den Mund und sagt etwas Ungezogenes. Sie hat die dreckigste Lache, die ich je gehört habe. Lindsay kam kürzlich in den grünen Raum und fragte sie, ob sie ein Brötchen haben wollte.

»Ein Brötchen hätte ich fast genauso gern wie einen Mann«, erwiderte sie, ohne mit der Wimper zu zucken.

Kriege meine Linsen nicht rein und taste am Drehort blind um mich.

SAMSTAG, 20. MAI:

Cannes! Besteige Flugzeug um neun Uhr morgens – anscheinend gehört es Chris de Burgh. Mein Pickel hat gerade seinen dritten Auftritt und führt praktisch ein vielseitiges Eigenleben. Ich versuche, mein Aussehen zu verbessern, habe jedoch zum Schluß nur eine Menge Mascara im Haar.

Neunzehn Uhr. Cannes ziemlich ruhig. Dieses Jahr gibt es weniger Zuschüsse von der Regierung, habe ich gehört. Pamela Anderson sorgt in ihrem schwarzen Lederaufzug für große Aufregung. Bin spazieren gegangen trotz des ernsthaft flehentlichen Abratens der Publicity-Leute: »Sie werden von Fotografen und der Öffentlichkeit belästigt werden«, lautet ihr Refrain. Bin die Croisette hinuntergezuckelt, und niemand hat die geringste Notiz von mir genommen, außer einer sehr jungen Frau, die nach ihrem Gefährten griff und zischte: »Ist das Sharon Stone?« Ich war ergriffen, bis ich bemerkte, daß sie die Frau hinter mir meinte (die aber auch nicht wie Sharon Stone aussah). Den ganzen Tag über bezaubernde Journalisten. Ausländische.

SONNTAG, 21. MAI:

Schlechte Pressekonferenz – unsinnige Fragen, und wir waren nicht so unterhaltsam, wie wir hätten sein können –, aber alles andere verlief nach Plan.

Zwei Uhr morgens. Endlich im Bett. die MTV-Party findet auf dem Strand gegenüber von meinem Hotel statt, ich sitze also in der Falle. Die einzige Antwort: Oropax und Tabletten. Was für ein Tag. Die Filmvorführungen liefen sehr gut, und Chris Hampton freute sich, daß alle glücklich waren. Nicht zuviel getrunken. Wurde von der Modepolizei erwischt, als ich auf den Stufen des Palais Jeans trug. Ich hatte keine Ahnung, daß Kleiderzwang herrscht ... Stieß in meinem Zimmer auf eine abstoßende Besprechung in *Variety.*

MONTAG, 22. MAI:

Früh auf, um abzureisen. Als ich mein Zimmer verließ, fand ich vor jeder Zimmertür mein dickes Gesicht auf der Titelseite des *Newsletter* von Cannes. Ein surrealer und durchaus unangenehmer Moment.

DIENSTAG, 23. MAI:

Seltsam, wieder in Alston Hall zu sein. Sehr gute französische Presse zu *Carrington*. Die englische Presse gemischt, aber im allgemeinen positive Reaktionen, und Polygram freut sich. Bei der Pressekonferenz kam die übliche Menge an Albernheiten zusammen. Ich wurde gefragt, ob ich mich persönlich in Carringtons qualvoller Beziehung zum Sex wiederfände, und antwortete, nein, eigentlich nicht, ich hätte eine sehr angenehme Zeit verbracht, seit ich fünfzehn war. Das rief bei den Briten mißbilligende Äußerungen hervor. Sie sind manchmal wie ein Rudel jüngferlicher Tanten, die empört mit Stricknadeln klappern. Kein Wunder, daß die Leute glauben, wir hätten in England gar keinen Sex.

Sehr schöne Proben. Herrlicher Tag. Steifen Hals. Wachsen bei der Szene, in der der Atlas ankommt, über uns hinaus. Emilie hat eine natürliche, schnelle Auffassungsgabe, die sich in jedem Augenblick bemerkbar macht – allein ihre Anwesenheit bewirkt in uns allen Spontaneität. Alles in allem eine wunderbare Regieführung von Ang, der überall die unausgesprochenen Unterströmungen liebt.

Wir mußten viel auf Wind warten. Er blähte unsere Röcke und Schürzen und die Mäntel, die im Eingang hingen. Hatte etwas Nostalgisches, Einsames an sich.

MITTWOCH, 24. MAI:

Mit Hilfe einer Tablette um elf eingeschlafen, um sechs aufgestanden. Bewölkt. Keine Ahnung, was wir machen werden, das Wetter verändert sich von einem Moment zum anderen. Obst, Toast, Kaffee. Ang hat sich den Magen verdorben und aufgehört, die rosa überzuckerten Brötchen zum Frühstück zu essen. Sein Darm grummelt. Wir sprechen darüber, was er als nächstes tun will. Er sehnt sich nach etwas Maskulinem – wir schlagen vor: Opiumkriege. Viele Männer und Gewehre.

Mittag. Kate und Gemma unterhalten sich in ihren Korsetts über die Verleihung der Hollywood Porn Awards – sie haben in einer alten Illustrierten Fotos von dieser Zeremonie gesehen. Wir haben immer noch nicht das Master (die Einstellung, die die gesamte Szene oder einen großen Teil davon einfängt. Dann nimmt man die Szene in Großaufnahme, Zweierschüssen und so weiter auf).

Gemma, nach zweistündigem Warten: »O Gott, es ist wie eine Geburt. Man macht weiter und weiter und weiter und weiter, und immer noch passiert nichts.«

Gegen zwei. Erschöpft nun, und ich habe Schwindelanfälle, weil mein Blutdruck gefallen ist. Irgendwie demoralisiert, daß wir bisher nur einen Schuß geschafft haben. Alle gähnen. Eine Neun-Stunden-Pause ist wirklich nicht ausreichend, aber im allgemeinen haben wir zehn oder zwölf. Das trifft allerdings auf viele von der Crew nicht zu – Abbauen oder Vorbereitungen für den nächsten Arbeitstag kann bedeuten, daß sie höchstens acht oder neun

Stunden zwischendurch frei sind. Die allgemein müde Stimmung paßt jedoch zu dieser Szene. Die Sonne ist jetzt draußen, so daß alle mit Filtern, Leinwänden und tief gerunzelten Stirnen herumlaufen. Sehr schleppend heute.

Halb zehn abends. Wir haben es nicht ganz zu Gems letztem Schuß geschafft, was sie entnervt hat. Sehr frustrierend nach so langem Warten. Die RAs haben als Entschuldigung Champagner ins Hotel geschickt. Sie trinkt nicht, also haben wir uns die Flasche unter den Nagel gerissen.

DONNERSTAG, 25. MAI:

Zum erstenmal seit Tagen gut und ohne Tabletten geschlafen. Heute zerstückeltes Arbeiten und völlig vom Wetter abhängig. Wir greifen mal dies auf, mal das, wie wir gerade können, ziemlich durcheinander. Ein Schaf ist, erschöpft von der Hitze, zusammengebrochen. Einfach im Hintergrund der Szene umgekippt. Der Schäfer macht sich Sorgen um seine Herde und fragt ständig, wann er sie scheren kann. Nach diesem Vorfall haben wir ihm gesagt, er kann's machen. Später tauchen sie kurzgeschoren hinter Marianne und Margaret wieder auf, während die beiden spazieren gehen.

FREITAG, 26. MAI:

Schöner, entspannter Abend gestern, Wolken trieben über den Himmel. Ein komischer Tag, mit einer verwirrenden Menge an Szenen, plus Ärzten und Akupunkteuren wegen meinem Nacken und Micks Rücken. Jeder ging im grünen Zimmer ein und aus, während verschiedene Konsultationen stattfanden. Plus Nickerchen in nicht unerheblicher Zahl. Regen. Nachlassender Wind, weiche Atmosphäre. Es wirkt, als ob wir nächste Woche noch einen anderen Film beginnen. Mampfe Schinkensandwiches. Robert Hardy hat eine Kiste Champagner zurückgelassen. Wir leben nur zum Vergnügen. Ich habe den ganzen Tag nichts anderes getan als gegessen. Morag sagt, ich würde dünn im Gesicht. Bin in Kates Schoß eingeschlafen. Fühle mich sehr ruhig. Merkwürdig. Ang immer noch ohne Brötchen und Zigaretten. Wir brauchen etwas Sonne.

Später: Ang zerreißt eine Styropor-Tasse in winzige Schnipsel, während ein kleines Runzeln seine glatte Stirn furcht. Zweite Einheit filmt Kutschen-Runbys (Aufnahmen von fahrenden Fahrzeugen ohne Schauspieler, obwohl Roy Bond, einer der Fahrer, Mrs. Jennings' Platz eingenommen hat. Er hat die gleiche Gestalt, aber einen großen Bart. Der wird im Film nicht zu sehen sein.) Alle Mädchen von Haar und Maske knüpfen Teppiche. Ein oder zwei haben damit angefangen, aber es hat sich wie ein Flächenbrand ausgebreitet – jetzt sind alle dabei. Äußerst merkwürdig.

Lindsay kommt herein mit der neu geschriebe-

nen Silhouetten-Szene. Ich finde sie gut. Wir brauchen für Sir John und Mrs. Jennings mehr Dialog, während sie den Weg entlanglaufen. Ironischerweise ist das eine der Stellen, die ich gekürzt habe, da sie beinahe drei Seiten umfaßte. Ich erinnere mich noch, daß ich damals in den nebligen Vorproduktionszeiten gesagt habe: »Sie können das sehr schnell machen«, was damals nicht auf fruchtbaren Boden fiel.

Kate macht ein Armband. Wir haben unsere Nachthemden an, unsere Zöpfe hängen uns über den Rücken hinunter. Ang legt sich für ein Schläfchen hin. Das Wetter macht ihm Sorgen. Nur noch ein Tag an diesem Drehort. Kates hypnotische Handbewegungen beim Knüpfen der Fäden.

Schallendes Gelächter dringt von unten herauf. Ang stellt Fragen über das Theater – wie kann jemand monatelang acht Vorstellungen pro Woche bringen? Alptraumhafte Visionen von *Me and My Girl* stehlen sich in meine linke Gehirnhälfte. Zum Glück gibt es in diesem Film keinen Stepptanz!

Der grüne Raum ist voller Kekse, Brötchen und halbgegessener Schnitten, plus Montagszeitungen. Ang unter so enormem Druck, daß ich überrascht bin, daß ihm sein Darm nicht hemmungslos grummelnd aus dem Mund herausgekrochen kommt. Diskussion über Aufnahmen und uns (Kate und mich), die wir manchmal nicht ganz vollkommen aussehen. Ang sagt, es geht nicht darum, daß wir gut aussehen. Wir sind unbedingt seiner Meinung. Typische Halbzeitreaktionen, die einsetzen: Paul, der Sani, jagt umher, um Vitamine, Abführmittel,

Kräuterschlafpillen, Aspirin und Gott weiß was noch alles zu verabreichen.

Habe mich heute morgen von jedem in Alston Hall verabschiedet, was uns traurig machte. Ich war dort so entspannt, daß ich mir angewöhnt hatte, mich in der Bar in Socken und im Schneidersitz abzuschminken und dabei überall kleine, feuchte Wattebällchen herumliegen zu lassen. Ekelhaft, wenn man's genau betrachtet. Die Angestellten haben wie eine Familie für uns gesorgt.

Wir versuchen, eine zusätzliche Zeit zu finden, für Margaret, während sie im Regen Willoughbys Geschirr aufnimmt. Lindsay schläft vor: »Ich hole das Zeug«, worauf ich unbeherrscht lache.

Ich kontere damit, daß Willoughby sagt: »Bitte hole das Zeug.«

»Das ist im Buch!« rufen wir andauernd.

Für Lindsay ist es schrecklich. Es ist noch soviel aufzunehmen. Sie hat eine Liste der »Luxus«-Szenen und der »Kern«-Szenen erstellt. Beinahe hätten wir nicht gedreht, wie Elinor Marianne beim Packen zuhört und beschließt, ihr nichts über Lucys Verlobung zu sagen. Schließlich drehten wir das doch in der Hoffnung, daß es mit einer Aufnahme im Kasten ist. Die Gemüter werden hitziger. Schwierig, mit Kerzen zu arbeiten.

SAMSTAG, 27. MAI:

Auf um viertel nach fünf mit dem Gedanken: packenpackenpacken. Meine Sachen scheinen sich vermehrt zu haben. Wie kann so etwas passieren? Ich war nicht einkaufen. Glaube, meine Badeöle haben Nachwuchs gekriegt.

Es ist regnerisch, düster und genau das Wetter, das wir nicht brauchen können. Werden die Reaktion der Dashwoods auf Edwards Ankunft neu im Regen aufnehmen (»Ich glaube nicht, daß das Colonel Brandon ist«). Wird es zur Innenaufnahme passen? Wahrscheinlich nicht. An dieser Stelle gelingt Mick ein Wunder, er sorgt für künstliches Sonnenlicht. Seine Konzentration ist wahnsinnig.

Ang muß es besser gehen. Er hat gestern abend für uns eine Menge chinesischer Snacks besorgt – knusprige Erbsen und getrockneten Tintenfisch.

Bin beim Mittagessen eingeschlafen und fand beim Aufwachen Emilie, Kate, Ang und Greg in Spiele vertieft. Heute ist niemandem nach Arbeit zumute. Natürlich arbeite ich nicht, aber es kommt mir so vor, als ob auch kein anderer arbeitet. Spöttisches Gelächter klingt aus dem Garten empor, wo die Sparks abräumen. Regen. Gemütlich.

Drehen Willoughby, der Marianne den Weg heraufträgt. Sie haben es viermal gemacht. »Schneller«, sagt Ang. Sie machen es noch zwei weitere Male. »Keuch nicht so stark«, sagte Ang. Greg schrie nicht, was ihm zur Ehre gereicht. Das Bild des Mannes, der die Frau trägt, ist schrecklich wirkungsvoll. Männliche Stärke: der Wunsch, wieder gewiegt zu werden?

Über die Kameralinse hinweg ein kluges Gespräch mit John Jordan (Kamera-Assistent, sehr sanft) darüber geführt, wie es wäre, wenn all die politisch inkorrekten Wünsche in den Köpfen erlaubt wären. Ich gäbe was darum, wenn mich jemand hochheben und forttragen würde. Beängstigend. Lindsay versichert mir, daß ich nach einer Weile anfangen würde zu zappeln. Sie ist solch ein Trost.

Mir gehen meine Selbstgedrehten aus. Kate macht ihre wie kleine Schlafsäcke. Es ist unmöglich, sich vorzustellen, daß wir an diesem Ort nicht Massen von Plastiktassen und Kabeln hinterlassen. Aber das werden wir nicht. Die Kunstabteilung hat soviel an Fensterstürzen, innen und außen, Böden, Gipsformen usw. modelliert, daß es nicht leicht ist, sich vorzustellen, wie es hier im Zivilzustand aussieht.

Die Flußmündung sehr turneresk heute. Milde Luft. Machen jetzt freie Tonaufnahmen – wir sitzen alle still, während Tony Dawe (Tonaufnahme, fröhlich, hält Hühner) die Atmosphäre aufnimmt sowie die paar Zeilen, die wir bei den Aufnahmen nicht »sauber« draufgekriegt haben.

Ang muß es besser gehen. Er ißt saure Gurken aus der Dose.

DIENSTAG, 30. MAI:

Wochenende in London. Tee, herumlungern, chinesisches Essen; kämpfte mich erst durch den Garten und dann durch die Post. Bin am Montag mit Kate und Imelda nach Yeovil gefahren und habe mich in einer Pracht aus Stein und Glyzinen in Montacute – an dem Drehort für Cleveland, dem Haus der Palmers – wiedergefunden. Die Verlegung des Drehorts hat der Truppe einen neuen Energieschub versetzt, auch wenn die Leute nach einem Wochenende immer wie nach einem Nervenzusammenbruch aussehen. Wir haben jetzt fünfeinhalb Wochen hinter und noch sechseinhalb Wochen vor uns. Die Zeit rast. Ich beschließe, täglich jeden wertvollen Augenblick zu genießen, und natürlich liegt es in der Natur der Sache, daß es beinahe keine Zeit gibt, überhaupt etwas zu genießen.

Habe mit Alan über die lange Szene von Brandons Geständnis gesprochen, während ihm die Haare gelockt wurden. Der Trick ist, die Menge an Informationen mit Charakterdarstellung zu mischen und daraus eine Szene über – wie Alan darstellt – einen Mann zu machen, der nach zwanzigjähriger Tiefkühlung auftaut. Die ungewohnte Blut- und Wärmezirkulation in den Venen ist extrem schmerzhaft. Die Szene hat bereits in vielen unterschiedlichen Versionen existiert – Rückblenden, stilisierte Metaphorik –, bis ich begriff, daß es gefühlsmäßig interessanter war, Brandon seine Geschichte selbst erzählen zu lassen; auch wenn es schwieriger ist.

Wir jonglieren mit dem Wetter, das besser wird, und müssen schließlich die Außenaufnahmen in Cleveland unter grauem Himmel machen.

Vier Uhr nachmittags. Wieder im Hotel (ein herrlicher Ort namens Summer Lodge in Evershot), nachdem ich nur ein wenig geprobt, mit Jan meinen Haaransatz gefärbt und gegessen habe. Der Cleveland-Abschnitt der Geschichte ist ohnehin zerstückt – und unsere Tage sind ein Abbild davon.

MITTWOCH, 31. MAI:

Herrlicher Sonnenschein. Hugh Laurie ist eingetroffen, was wie ein riesiger Ansporn wirkt. Es gibt niemanden auf der Welt, der Mr. Palmers Ernüchterung und Erlösung so perfekt einfangen und dabei so witzig wiedergeben könnte. Zwischen den Takes schreibt er in seinem Wagen einen Roman.

Wir bereiten uns auf die Szene »Ich glaube, Marianne braucht vielleicht einen Arzt« vor. Hugh überrascht, als er erfährt, daß sie nachts spielt. »Hast du das Drehbuch gelesen?« habe ich schnippisch gefragt. Dann fielen mir Hugh Grants Worte ein: »Ich spiele nie mehr zusammen mit dem Drehbuchautor!«

Es ist wahr, ich hacke immer auf ihnen herum. Die Sprache im Roman ist komplex und bei weitem geheimnisvoller als in den späteren Büchern. Beim Vereinfachen habe ich dennoch versucht, die Eleganz und den Geist des Originals zu erhalten. Notwendigerweise ist sie anspruchsvoller als die moderne Sprache.

Mit Christopher Hampton unterhalten, der wegen *Carrington* sehr erfreut ist und mir erzählt, daß der Film in Frankreich sehr gut läuft.

Drei Innenszenen heute. Zum Glück haben wir die Arbeit von Freitag gestern erledigt: Das Wetter scheint entschlossen, besser zu werden.

Mit Stephen Fry gesprochen, der sehr fröhlich klingt und zurück in die Staaten fährt. Im letzten Jahr ist einmal mein Computer abgestürzt, und als computerunerfahrene Idiotin hatte ich keine Sicherungskopien. Keiner von Apple Mac konnte mein Drehbuch retten, so daß ich den Computer zu Stephen brachte und er einen ganzen Tag damit verbrachte, es wiederzufinden. Vor Dankbarkeit habe ich wochenlang hyperventiliert.

Eine Touristin hat Alan gesehen und gesagt: »Oh, sieh mal, da ist Tom Cruise.« Wahrscheinlich dieselbe, die mich für Sharon Stone gehalten hat.

Halb zehn morgens. Wir drehen immer noch nicht. Wieder ein später Start. Gestern abend wurde uns die Benutzung des Frühstückraums verwehrt, so daß wir die Sequenz, in der Dr. Harris' Diagnose erwartet wird, in einer großen Halle neu eingestellt haben, was die gesamte Szene völlig verändert. Ganz gut sogar, weil es so straffer ist. Vielleicht ist es für die Spannung besser, daß die Palmers nervöser sind, als ich im Drehbuch vorgegeben habe.

Micks Beleuchtung bei meinem Auftritt, wo ich die Treppe mit einer Kerze hinuntergehe, war sehr kompliziert. Hatte eine künstliche Kerze mit Kabeln und Batterien, die um meine Taille gelegt waren, wobei der Schalter dafür sich zwischen meinen Pobacken verhedderte. Erkannte, daß es so nicht ging. Hugh L. hatte seine erste gesprochene Silbe und wurde sehr besorgt. Es ist sehr belastend, mit seinem Part mitten während der Dreharbeiten anzufangen. Kate und ich sind so dauerhaft dabei, daß wir die Kamera schon vergessen haben. So ist es am besten.

Der National Trust ist mit den Arbeitsstunden seiner Leute sehr streng – aber sehr nette Leute, die ganz davon angetan zu sein scheinen, daß sie uns zusehen können.

Ang ist im siebten Himmel. Es gibt keinen Dialog. »Dies ist reines Kino«, sagt er erfreut.

Ich scheine endlich aufgehört zu haben, mir wegen Elinor und dem Alter Sorgen zu machen. Sie kommt mir nun vollkommen normal vor – ungefähr fünfundzwanzig, eine geistreiche Frau, die süchtig danach ist, die Kontrolle zu behalten. Ich mag sie, auch wenn ich sehe, wie sie einen in den Wahnsinn treiben kann. Sie ist genau die Art Mensch, den man betrunken machen will, einfach damit er einmal kicherig und albern wird.

Ang ist von der Baumschneidekunst, wie sie sich in den Gärten präsentiert, begeistert. Er ließ Marianne an dieser außerordentlichen, gezackten Hecke vorbeilaufen. Offensichtlich hat es mal in einem Jahr geschneit, und durch den Schnee ist die Hecke erfroren. Als das Tauwetter kam, hat man die abgestorbenen Enden gekappt und die Hecke weiterwachsen lassen – in Form eines heftigen Schneetreibens. Sie sieht wie ein Gehirn aus. »Gefühl«, sagt Ang, wobei er triumphierend darauf deutet. »Und Verstand«, fährt er fort und zeigt in die andere Richtung, hinüber zu einer sehr ordentlichen Linie von sorgfältig beschnittenen, blumentopfförmigen Büschen. Die Steine und Linien von Montacute – großartig, sogar fast zu großartig – geben diesem Teil der Geschichte einen schauerromantischen und geheimnisvollen Hauch.

Zuschauer besuchen uns, werfen neugierige Blicke umher und lächeln scheu, richten keine Fragen oder Bitten an uns. Mittelalterliche, eichengetäfelte Zimmer und sehr gut aussehende Küche. Ich habe Hunger. Hugh L. und ich trauern immer noch dem wirklich verhängnisvollen Sahnetee hinterher, den wir uns gestern genehmigt haben.

Schlimme Nachricht: Big George ist gestern nacht um drei gestorben. Debbie ist in einem schrecklichen Zustand. Sie liebt Pferde so sehr, und er war ein bemerkenswertes Pferd. Für immer in einen Schrein eingeschlossen, hoffe ich, als einer der romantischsten Vierfüßer, die je gelebt haben. Auch Greg sehr verstört. Wir haben Tee gekocht, und Deb hat uns die Geschichte erzählt: ein Darmriß. Sehr schnell, gnädigerweise, und vollkommen unerwartet, nichts konnte mehr getan werden. Düstere Nachricht, und wir versuchen uns mit Gedanken an seine Filmcredit und an Blumen zu trösten.

Wir stellen nun eine sehr komplexe Aufnahme von Alan ein, wie er mit einer sehr nassen Kate hereinkommt, die Palmers und Elinor auf ihn zustürzen, Marianne gemeinsam davontragen und Bran-

Wann wird er sie endlich fragen:
Willoughby (Greg Wise) und Marianne (Kate Winslet)

Mrs. Dashwood (Gemma Jones) und Margaret (Emilie Francois) freuen sich mit den Frischverliebten.

Mrs. Dashwood (Gemma Jones) ist bestürzt: Willoughby hat Marianne verlassen.

Elinor (Emma Thompson) und Lucy Steele (Imogen Stubbs)

Der Ball in London

Elinor (Emma Thompson) und Marianne (Kate Winslet) entdecken auf dem Ball Willoughby – und seine Verlobte!

Fanny (Harriet Walter), John Dashwood (James Fleet) und Robert Ferrars (Richard Lumsden) im Café

Marianne (Kate Winslet) will noch einmal Willoughbys Landsitz sehen.

Mrs. Dashwood (Gemma Jones) und Marianne (Kate Winslet)

Elinor (Emma Thompson) und Marianne (Kate Winslet)

Müssen Marianne (Kate Winslet) und Elinor (Emma Thompson) auf die Männer, die sie lieben, verzichten?

Die Dashwoods freuen sich über das Geschenk des Colonels.

Margaret (Emilie Francois)

Mrs. Dashwood (Gemma Jones) und Marianne (Kate Winslet) sind überglücklich, als Edward um Elinors Hand anhält.

Edward (Hugh Grant) und Elinor (Emma Thompson) sind endlich vereint …

… und feiern wenig später auch die Hochzeit von Marianne und dem Colonel.

Willoughby (Greg Wise) behält sein Vermögen, aber verliert die Liebe seines Lebens.

don erschöpft mitten in der Halle stehen lassen. Ang will alles in einem Schuß erledigen, also wird es sich von einer Zweiereinstellung auf Brandon und Marianne zu einer Einzeleinstellung auf Marianne, dann zu einer Vierereinstellung auf Charlotte, Mr. Palmer, Marianne und Elinor und wieder zurück zu einer Einzeleinstellung auf Alan entwickeln. Es wird schwierig und großartig, hoffe ich, wenn es klappt. Riesige Menschenmenge schaut zu und viel chinesische Presse.

Alle sind bei dieser Aufnahme sehr aufgeregt. Sie unterscheidet sich sehr von dem Stil in dialogischen Szenen, in denen weit weniger Bewegung ist. Habe mein Kostüm angezogen. Barriere gegen das zwanzigste Jahrhundert. Komisch, wie fremd sie sich zuerst anfühlen und wie überraschend schnell sie sich mit Geschichte füllen.

Ang, bei seiner Rückkehr vom Restaurant: »Das Schauspielen ist in England viel besser als das Essen.«

DONNERSTAG, 1. JUNI:

Schlimmste Neuigkeiten! Christopher Reeve (mit dem ich in *Was vom Tage übrigblieb* zusammengearbeitet habe) ist bei einem Reitunfall böse verletzt worden. Schwarzer, schwarzer Tag.

Unser Film handelt von Liebe und Geld. Vielleicht lautet seine Hauptfrage: Kann Liebe ohne Geld überleben? Eine griffige Frage. Der romantische Code lehrt uns, daß die Liebe alles besiegt. Elinor stimmt dem nicht zu. Man braucht ein angemessenes Einkommen, ein Auskommen. Einige Leute brauchen mehr. Einige Leute brauchen mehr Geld als Liebe. Die meisten Leute hätten die Liebe am liebsten zusammen mit einer komfortablen Geldmenge. Das ist nur schwer zu akzeptieren. Es widerspricht all unseren gehätschelten Idealen. Aber interessant ist, daß unsere »westlichen« romantischen Symbole eine Menge kosten. Rosen, Diamanten …

Der Rasen ist mit Gänseblümchen übersät, die die falsche Jahreszeit anzeigen. Chris Newman bittet alle Zuschauer, sie abzupflücken. Wunderbares Bild, wie sich alle auf Knien behilflich erweisen und an die Arbeit machen.

Journalisten am Drehort. Eine Journalistin informierte mich, daß sie *Carrington* in Cannes gesehen und es ihr nicht gefallen hat. »Oh«, habe ich gesagt.

Mit Ken gesprochen, der seit zehn Minuten hier ist und sich nun auf dem Weg nach Italien und zu *Othello* macht. Heute bin ich so erschöpft, daß jede zusätzliche Bitte mich reizbar reagieren läßt. Muß aufhören zu rauchen. Ich hatte mir eine Selbstgedrehte vorgenommen und bin jetzt bei fünf oder sechs, und das ist Wahnsinn.

Harriet Walter und James Fleet sind zurück und fühlen sich ganz merkwürdig, weil sie zwischendurch so lange fort waren. So habe ich mich bei *Was vom Tage übrigblieb* gefühlt – habe jeden schrecklich vermißt und wollte mehr arbeiten. Es ist ein großes Privileg, von Anfang bis Ende völlig einbezogen zu sein.

Mit allen zusammen Abendessen, was mich fast umgebracht hat. Taumelte um zwanzig nach elf ins Bett und wachte mit dem Tageslicht um sechs auf. Herrliches Licht.

FREITAG, 2. JUNI:

Ein nervender Tag, da es sonnig ist und es vier große Fenster gibt, was die Beleuchtung des Raumes außergewöhnlich schwierig gestaltet – und wir haben in jeder Szene eine Aufnahme mit einem schreienden Baby. Ang den ganzen Morgen zerfurcht, Hand gegen die Wange gedrückt. So viel zu tun. Viel Spannung. Mick hat hier wegen der Fenster nie aufnehmen wollen. Es soll wild und stürmisch sein – was, wenn die Sonne nun den ganzen Tag scheint? Wir müssen Gerüste bauen und vor jedem einzelnen Fenster das Wetter neu erschaffen. Unmöglich in der Zeit. Wir hatten Glück. Es bewölkte sich.

Das Ausdenken einer Menge zusätzlicher Dialog-

texte hält mich in Atem. Wir haben die ruhigsten Babys der Welt bekommen, die den hysterischen Thomas spielen sollen. Endlich fing eins an zu schreien, hörte aber jedesmal auf, wenn Chris »Action« brüllte.

Später: Die Babys haben den ganzen Nachmittag gelächelt. Buddhistenbabys. Nicht ein einziges Mal haben sie geschrien. Wir hingegen waren um fünf Uhr nachmittags in Tränen aufgelöst. Sehr ärgerlich. Gegen acht Uhr saßen wir alle in einem Nebenzimmer und erzählten uns Geschichten, um wach zu bleiben.

SAMSTAG, 3. JUNI:

Um elf ins Bett mit einer Tablette. Um drei von den Vögeln geweckt, um vier von der Zugluft und um sechs vom Licht. Mit steifem Hals um acht zur Arbeit. Es gießt in Strömen. Perfekt. Müssen früh fertig werden, da der Umzug nach Salisbury jeden umbringen wird. Habe diese Woche nicht genug Schlaf bekommen, und nächste Woche sind Nachtaufnahmen. Ich werde aussehen wie neunzig.

Imelda (zu mir): »Eine Dauerwelle würde dir stehen.«

Sehr nette Lady servierte uns im Hotel Getränke, wobei ständig eine Katze hinter ihr herlief. Wir schnalzten sie alle an. Alan zur Katze (sehr leise und ernst): »Verpiß dich.« Die nette Lady ließ sich nichts anmerken. Die Katze sah leicht verlegen aus, blieb aber.

SONNTAG, 4. JUNI:

Abends zwanzig vor neun. Schockzustand, als wir in Southampton bei einem grausig modernen Hotel an einem Kreisverkehr ankommen. Nach unserer beschützten ländlichen Existenz ist dies ein grausames Erwachen. Ich bin melancholisch. Morgen ein gigantischer Tag, deshalb bringe ich mich mit Strenge früh zu Bett.

MONTAG, 5. JUNI:

Zwanzig vor sieben. Grauer Himmel. So gut geschlafen, daß ich ein neuer Mensch bin. Und das ist ungewöhnlich. Werden die Wolken abzischen?

Acht Uhr. Wir sind gerade bei der Aufnahmefestlegung für eine Szene mit über dreißig Schüssen, zwei Kameras und fast der gesamten Besetzung. Ernsthaft überstrapaziert. Man kann fühlen, wie sich bei jedem die Sehnen spannen.

Halb zehn. Bei Maske und Haaren Gewimmel von Leuten, die von Pontius zu Pilatus laufen. Eine erschreckend umfangreiche Aufstellung. Viele Leute aus der Crew von *Viel Lärm* sind für die Aufnahmen an Kamera B aufgetaucht. Kann mir immer noch keinen Reim auf das Wetter machen. Morag erleichtert, daß ich ausgeschlafen bin. Ich hatte schon ziemlich erschöpft ausgesehen. Muß mich diese Woche disziplinieren.

Die Vorhänge in diesem neuen Hotel sind sehr

wirkungsvoll, so daß ich nicht um vier vom Licht geweckt wurde. Mir gefällt's hier.

Ang sieht ausgeruht aus und sagt, in Southampton gebe es einen guten Chinesen. Phil, er und Mick sehr besorgt wegen der Menge, die wir zu bewältigen haben. Hugh Laurie hatte den Eindruck, daß die Zeile »Verbergen Sie nicht all Ihre Beleidigungen in der hohlen Hand« vielleicht zu grob sei. »So steht's im Buch«, habe ich gesagt. Kein Treffer.

Mittagessen. Wir haben die Louma-Kranaufnahme (eine Kamera hängt ohne Kameramann vom Kran herab) geschafft, und das war alles. Haben uns erst um halb zwölf dem nächsten zugewandt. Kühe mit balletartigen Hörnern. Aufregung! Die heutige Arbeit muß in zwei Wochen abgeschlossen sein. Es war immer schon unmöglich, das in einem Tag zu schaffen, und wir können nicht ohne weiteres die Nachtaufnahmen, die morgen beginnen, verschieben.

Neun Uhr abends. Gerade zurückgekommen. Glaube, ich bin allergisch gegen Pferde. Haben ungefähr sechs von dreißig Schüssen geschafft. Zwei Einstellungen auf dem Louma-Kran, zwei auf Kamera B und ein Dolly-Schuß auf Kamera A, der Nick ganz wirkungsvoll auf einem wundervollen Pferd eingefangen hat, als er die Kühe auseinanderjagte. Imogen hatte in ihrem Sonnenschirm ein Mikrofon angebracht bekommen, so daß der Winkel, in dem sie ihn hielt, sehr wichtig wurde. Viel Herumsteherei. Ich habe zuviel geraucht. Wir haben noch viel mehr zu tun, aber was wir erledigt haben, war göttlich. Mrs. J.'s Hut nahm viel Platz ein.

DIENSTAG, 6. JUNI:

Nachtaufnahmen. Neunzehn Uhr. Wilton – das Haus des Grafen von Pembroke – ist unser Drehort für die Innenaufnahmen der Ballsaal-Sequenz, wo Willoughby Marianne begegnet und deutlich macht, daß ihre Beziehung zu Ende ist. Es ist ein atemberaubender Ort. Die Kameramannschaft ist schon ganz angespannt wegen der Größe der Säle und der Schwierigkeit, irgend etwas darin zu filmen, ganz zu schweigen von einer Statistenmenge.

Einundzwanzig Uhr. Warten aufs Umziehen. Spannung steigt. Keine Zeit zum Proben. Es ist dunkel. Glaube, ich bekomme eine Bindehautentzündung. Pagen zum Frühstück. Um die hundert Statisten in Abendkleidung, alle unterschiedlich typisiert, von Soldaten und Anwälten bis zu Gecken und reichen Witwen. Eine gigantische Anstrengung von den Leuten von Kostüm, Haar und Maske. Lindsay wird davon überrollt. Tänzer proben, und Kerzen werden angezündet in Räumen, die voll antiker und exquisiter Gemälde sind. Ich habe abgenommen, und mein Abendkleid sitzt locker. Habe Brüste so weit es ging hochgezogen, aber sie sind immer noch enttäuschend.

Mitternacht. Erste Aufnahme fertig. Liz Spriggs als Motor der Szene in guter Verfassung. Die Innenaufnahmen sind außergewöhnlich, und wir sind so erpicht darauf weiterzumachen, daß wir problemlos noch die eingeschüchterten Misses D. vom Lande spielen.

Drei Uhr morgens. Wieder ins Kostüm eingenäht,

nach einer kleinen Portion Gemüseeintopf, die sich schon jetzt verheerend auf meinen Darm auswirkt. Ziemlich dünner Text für Robert Ferrars (Richard Lumsden), der eingeführt wird. Natürlich ist der Text absichtlich sehr spärlich ausgefallen, da ich das Drehbuch nicht mit unnötigen Vorstellungen in die Länge ziehen wollte, aber nun kommt er einem doch recht kahl vor. Ich füge etwas hinzu und versuche, nicht in Panik zu geraten.

Jane Gibson (Bewegungslehrerin) ist wieder da. Ich stehe so gerade auf, wie ich kann. Sie fixiert mich mit einem zusammengekniffenen Auge: »Laß dich nicht so hängen.«

Wir sind durch mit dem Nebenzimmer und bewegen uns in den Eissaal, der voll herrlicher Milcheiskreationen und überzuckerter Sorbets ist. Eine Million verschiedene Probleme müssen gelöst werden, und damit diese Szene stimmig ist, braucht man jede einzelne Perspektive, was bedeutet, daß

man aus dem Blickwinkel einer jeden Figur aufnehmen muß. Bei acht oder neun anwesenden Figuren und nicht genügend Zeit, um jede einzeln aufzunehmen, besteht das Hauptproblem darin herauszufinden, wohin man jeden stellt, damit wir zwei oder drei Leute in einem einzigen Schuß zusammenfassen können. Zudem muß man vermeiden, »die Linien zu kreuzen«. Das ist eine geheimnisvolle Angelegenheit. Es ist Aufgabe des Aufnahmeleiters, Kameramanns, Regisseurs und der Scriptgirls, auf »die Achse« zu achten. Wenn man »über sie springt«, kann die Wirkung katastrophal sein – hauptsächlich deshalb, weil die Leute in die falsche Richtung sehen, so daß die Leinwandgrammatik im Eimer ist. Wo »die Achse« sich jeweils von einem Augenblick zum anderen befindet, ist manchmal so kompliziert, daß ich schon Scriptgirls mit jahrzehntelanger Erfahrung erlebt habe, die sich am Kopf kratzten und lange Zeit brauchten, um herauszufinden, wohin der Schauspieler blicken sollte, bezogen auf die Kamera.

Einige Leute knubbeln sich in der Mitte des Raumes und kratzen sich am Kopf. Sogar ich habe angefangen, meine Hand an meine Wange zu klemmen. Die von Ang klebt schon seit Stunden an seiner. Außerdem kommt bei Nachtaufnahmen der Tiefpunkt von jedem einzelnen zu einer anderen Zeit, so daß die Augenlider von halb zwei an mit wechselnden Intervallen zufallen. Dazu noch Rauch. Der quillt aus einem kleinen Kanister hervor und wird im Raum hin und her geweht. Er macht das Licht diffus und hat eine gute Wirkung auf die

Kamera, allerdings wird dadurch Sauerstoff verbraucht. Kate war übel, und sie wollte weinen. Sie kann es sich nicht leisten, es dauert zu lange, bis das Make-up wiederhergestellt ist. Ich mache Jimmy Cagney nach, um sie abzulenken. Sie bittet mich, sie in Ruhe zu lassen. Mein Onkel George spielt einen Statisten in einer gepuderten Perücke. Alan Rickman hat eine Riesenmenge Schokolade geschickt, um uns alle auf den Beinen zu halten.

MITTWOCH, 7. JUNI:

Um neun Uhr früh zurück ins Hotel. Habe mir eine Feige aufs Gesicht gelegt und bin ins Bett gegangen. Um zwanzig vor zwei aufgewacht, weil ich mußte, ging mit einem Seufzer wieder zu Bett und schlief bis um fünf. Schnelle Dusche und zurück zum Set für Make-up. Tropfen vom hiesigen Arzt (zufällig eine ausgesprochen attraktive Person) wegen aufkommender Augenentzündung. Sehr schmerzhaft. Paul, der Sanitäter, wurde zu Tode gejagt. Kates Fuß ist geschwollen – unerklärlich.

Ungeheuer spannende Aufstellungsbestimmung mit all den Tänzern und Musikern. Eine Kamera auf einer Plattform, die andere auf dem Dolly. Schafften den ersten Dolly-Schuß und Schuß von oben um elf herum. Stuart Hopps ist mit seiner Choreographie hervorragend. Er scheint sie vermitteln zu können, ohne überhaupt etwas zu sagen. Der Ballsaal sieht wundervoll aus. Riesiges Feuer. Lichter in falschen

Säulen versteckt und zudem eine vielfältige Kollektion von Micks Papierlaternen, die von der bemalten Decke herabhängen, um uns zu beleuchten. Henry Herbert (Graf Pembroke) kennengelernt, ein charmanter Mann, der gerade mit Ismail (Kaufmann) gearbeitet hat und dem davon immer noch schwindlig ist. Habe versucht, mich an die Tanzschritte zu erinnern, die ich vor sechs Wochen gelernt habe. Ließ meinen Umhang fallen und trat jedem einzelnen Tänzer aus dem Set auf die Füße. In diesem Raum ist bei Todesstrafe richtiges Essen oder Trinken verboten, so daß dies hier wie ein Antialkoholikerball wirkt. Ich hoffe, das Publikum geht davon aus, daß Essen und Trinken woanders stattfinden, vor allem im Eissaal.

Wie Elinor in Willoughby hineinrennt, fühlt sich gut und aufregend an, besonders, nachdem sie gerade aus der Komödie zwischen ihr und Robert kommt. Ich hatte mir nicht vorgestellt, daß diese Szene in so vielen verschiedenen Räumen spielen würde, aber Angs Vision ist voller Bewegung – und Überlegungen, die Klasse haben. Er hat Willoughbys Gruppe in einen eigenen Raum verlegt – der sogar noch elitärer als die anderen ist –, so daß für Marianne, als sie das ihn umgebende Bild des Reichtums sieht, die Message von niederdrückender Klarheit ist. Kate kommt heute nacht wahrscheinlich nicht mehr ins Bild, bleibt aber dennoch da, um eine ähnliche Zeiteinteilung wie die anderen zu erleben. Die Kombination aus Hitze, Rauch und schlechter Luft greift die Augen und die Energiereserven an.

DONNERSTAG, 8. JUNI:

Kate hat eine Venenentzündung in ihrem Bein und humpelt; meine Augen sind rosafarbener als Angs Frühstücksbrötchen. Heute morgen um halb acht daheim. Die Jungs haben noch ein Bier getrunken. Gegen acht zu Bett – unruhig, aber bis vier muß ich geschlafen haben, weil ich von Betty Bacall geträumt habe. Und vom Lachen. Man träumt selten vom Lachen. Interessant. Wahrscheinlich Pat Doyles Fehler. Er ist der Komponist. Schotte. Einer aus einer ungefähr dreizehnköpfigen Familie, so daß ihm die Fähigkeit, sich in einer Menge bemerkbar zu machen, erhalten geblieben ist. Er bringt mich fast mehr zum Lachen als jeder andere Mensch, den ich kenne.

Es regnet, wodurch alles sehr viel schwieriger und feuchter ist. Alle werden naß, wenn sie zwischen Stützpunkt und Set hin- und herpendeln, so daß die von Maske und Haar zu Tode gehetzt werden. Die Muster sind laut Lindsay fantastisch.

Rührei zum Frühstück um achtzehn Uhr. Esse die Nacht über nicht viel. Sogar die Statisten amüsieren sich, sagen sie. Ang kaute am Drehort illegal Brot und kicherte. Er ist, glaube ich, glücklich. Mühsame Proben, aber ich hoffe, daß alles klappt.

Kate ist sehr vorsichtig die Steinstufen heruntergekommen, um ihr Bein zu schonen; dabei ist sie ausgerutscht und hat sich am Handgelenk verletzt. Jetzt ist sie im Krankenhaus zur Röntgenaufnahme. Ehrlich gesagt, ich glaube kaum, daß sie die Nacht überlebt.

Ich habe in des Grafen von Pembrokes Salon, der

so groß ist wie ein Feld, ein Glas Wasser getrunken. Meine Augen haben beschlossen, sich etwas zu erholen, und bisher hat noch niemand geweint, also müssen wir wohl gut arbeiten.

Miß Grey (Lone Vidahl) trifft ein. Sie ist fantastisch. Sieht viel besser aus als jeder andere hier, einschließlich Paul Kemp. Alle starren.

Kate ist wieder zurück. Es ist nur eine Verstauchung. Überall Verband.

FREITAG, 9. JUNI:

Von sechs Uhr morgens bis zwanzig nach drei geschlafen. Entgegen unserer Erwartung liegen wir im Zeitplan voraus und können uns noch mal um die Aufnahmen im Eissaal kümmern. Riesige Steuerrechnung erhalten, so daß ich irgendwie zu einer Bank kommen muß. Hugh L. ist ständig auf den Saum von Imeldas Kleid getreten, wobei er es so weit herunterzog, daß ihre Brüste entblößt wurden. »Halt's zurück«, habe ich gesagt, aber das hat sie nicht. Nase voll von Frühstücken. Die Leute von der Verpflegung sind grau vor Müdigkeit.

SAMSTAG, 10. JUNI:

Ein Champagner-Geschenk von Ang für die Crew. Wir müssen mit unserem Geschrei die Leute aufgeweckt haben. Wunderbare Woche. James hat seine letzte Großaufnahme um sechs Uhr gemacht und brachte jeden zum Lachen, so riesig war der Applaus für ihn. Sein feines Mienenspiel ist bezaubernd komisch. Ich könnte ihn stundenlang beobachten.

SONNTAG, 11. JUNI:

Habe letzte Nacht bei weitem zuviel getrunken und bin um halb sechs aufgewacht. Hätte die ganze Nacht durchtrinken können. Ganz dankbar für einen Kater, der für etwas Frieden sorgt. Bin letzte Nacht völlig nackt auf meinen Balkon hinausgegangen und habe das Paar, das in die Suite neben meiner eingezogen ist, leicht überrascht. Bin ruhig wieder hineingegangen und habe Unbekümmertheit vorgetäuscht, und dann habe ich in alle meine Kopfkissen gebissen, in eins nach dem andern.

MONTAG, 12. JUNI:

Wieder in Trafalgar, um die Innenszenen in Sir Johns und Mrs. Jennings' Salon in Barton Park zu drehen. Lucy enthüllt Elinor ihre Verlobung mit Edward. Zwei Tage Arbeit und eine Menge Schauspielen. Imogen eine wunderbare Kombination aus Sprödheit und Kalkül. Kates Venenentzündung viel besser, meine Augen auch.

Viertel vor eins. Erster Tagesschuß. Robert Hardy hat eine wundervolle Geschichte für Margaret improvisiert, als sie mit der Karte spielen. Spontaner Applaus von der Mannschaft. Spätes Ende um zwanzig nach acht.

DIENSTAG, 13. JUNI:

Brauchte volle dreißig Sekunden, um heute morgen herauszufinden, wo ich war. Spiegeleier und Florentiner haben einen Pickel hervorgebracht.

Sehr anstrengender Morgen – fünfeinhalb Seiten Dialog mit sieben Schauspielern erfordern eine Menge kluger Fußarbeit. Wir spielen die Szene inmitten eines Durcheinanders aus Flaggen und Lampenständern und versuchen Blickrichtungen hinzubekommen, während die Mannschaft schielend umherläuft bei dem Versuch, nicht über die Achse zu springen, die in dieser Szene an fünfzehn verschiedenen Orten gleichzeitig ist. All das läuft ungefähr so ab: Ang überlegt sich, was die Schauspieler tun sollen. Die Schauspieler sagen andauernd: »Das würde ich nicht tun – ich würde eher dies tun.« Insbesondere sage ich: »Wenn ich gerade erfahren hätte, daß der Mann, den ich liebe, mit einer anderen verlobt ist, würde ich in einen Stuhl fallen, der hinter mir steht, und nicht quer durch den Raum zu einem auf der anderen Seite rennen.« Also wird alles umgestellt, alle stimmen zu, und die Schauspieler gehen zur Maske. Dann sagt die Kamera-Crew: »Ich kann da nicht schießen« oder »Wir können das nicht beleuchten«, und dann wird wieder alles verändert. Dann kommen die Schauspieler zurück und sagen: »Das kann ich nicht machen«, also wird wieder alles umgeworfen. Wir kriegen die Szene nicht fertig. Lindsay sieht sich nach einem anderen Beruf um. Mick schwört, Ang habe bei ihrer ersten Besichtigung dieses Drehortes geschworen, daß man hier nur zwei Aufnahmen machen würde, bei denen die Fenster ins Spiel kämen. Ang hat seine Meinung geändert. Mick sieht sich nach einem anderen Beruf um. Lindsay und ich sind verärgert wegen zwei Gemälden, die in Sir Johns Haus unpassend wirken, in die Ang aber verliebt ist. Außerdem beschweren wir uns über die Größe des Raumes, der nicht so groß wirkt, daß man darin »eine Runde drehen« könnte. Ang sieht sich nach einem anderen Beruf um. »Das ist glatter Mord«, sagt Mick, aber sein Lippenherpes hat sich etwas gelegt.

MITTWOCH, 14. JUNI:

Neuer Drehort. Mompesson House in Salisbury. Wir verwenden es für Mrs. Jennings' Londoner Haus – alles Außenszenen, außerdem die in Salon, Schlafzimmer, Halle und Frühstückszimmer. Die *Lucy-trifft-Edward*-Szene wurde bereits in Devon aufgenommen. Nur elf Leute dürfen gleichzeitig in einem Raum sein. Ich sehe ja ein, daß das Gebäude geschützt werden soll, aber warum ausgerechnet elf? Draußen steht ein Ehrenamtlicher und zählt und ruft in regelmäßigen Abständen: »Könnte bitte jemand wieder hinausgehen?« Sie sind nicht allzu versessen auf uns.

Ich habe vier Stunden geschlafen. Angespannt (natürlich) nach dem schwierigen Teil der Lucy-Szene zuletzt.

Unsere Basis ist auf dem Parkplatz der Salisbury-Kathedrale eingerichtet worden. Kate und ich gehen über das Grundstück der Kathedrale nach Mompesson. Kaum jemand wirft einen zweiten Blick auf unsere Hauben und unser Empire-Aussehen.

Leber und Schinken zum Mittagessen, nach drei kurzen Szenen, die alle in Einzelschüssen im Schlafzimmer aufgenommen wurden. Gute, flinke Arbeit.

Nettes Fax von Sydney Pollack (Produktionsleiter), dem die täglichen Muster sehr gefallen. Er ist außergewöhnlich – arbeitet wie Herkules an seinem eigenen Film *Sabrina* und findet doch immer Zeit, auch unsere Sachen anzusehen und regelmäßig zu kommentieren. Ich bin froh, daß es ihm gefällt. In den Anfangsphasen der Drehbuchentwicklung war er derjenige, der die nützlichsten Fragen stellte.

»Ich bin aus Indiana«, hatte er gesagt, »wenn ich es kapier', kapiert's jeder.« Er wollte wissen, warum Elinor und Marianne sich nicht einfach einen Job suchen konnten. Warum war Edward von seiner Mutter so abhängig, warum hält er sein Lucy gegebenes Versprechen, wenn er sie doch eindeutig nicht mehr liebt? Warum hält Elinor ihr Versprechen gegenüber Lucy und verrät nicht einmal Marianne etwas von der Verlobung? Die Redlichkeit dieser Leute ist manchmal schwer zu akzeptieren – wird aber durch ein völlig entgegengesetztes Verhalten von Fanny, Lucy und Willoughby ausgeglichen. Elinor und Edward scheinen beide dem achtzehnten Jahrhundert anzugehören, dem Zeitalter augustinischer Vernunft. Sie sind fest, ausgeglichen, scharfsinnig und auf trockene Art humorvoll, Alexander Pope viel näher als Walter Scott. Marianne geht mehr in Richtung Mitte neunzehntes Jahrhundert, wenn sie jedes romantische Ideal wie einen neuen Liebhaber umarmt. Die Jahrhundertwende scheint immer eine janusartige Generation hervorzubringen, in der einige sich an die alten Werte klammern und andere die neue Ära willkommen heißen. Immer eine kraftvolle Zeit. Was 1995 betrifft, nun ja. Schwierige Zeiten. Für Frauen ist alles konfuser als je zuvor. Habe nicht die Kraft, darüber nachzudenken.

Wieder in Trafalgar, nehmen wir eine Kutschen-Szene auf einem Tieflader auf. Das ist ein Fahrzeug, auf dem die Kutsche und die Kamera zusammen festgebunden sind; wenn es sich bewegt, wirkt es deshalb so, als würde die Kutsche sich bewegen. Müssen heute noch fünf andere Szenen schaffen. Kate und ich sind Zombies, rauchen, kauen Pfefferminzbonbons und trinken Wasser. Haben nur einen Take auf dem Tieflader geschafft – die Einstellung dauert so lange. Dazu die Schwierigkeit, ein Stück Landstraße zu finden, das bar moderner Zusätze ist. Ang ist mit einem Rad weggefahren und nicht zurückgekommen. Habe ihn auf dem Klo auf Trafalgar eingesperrt gefunden, der Schlüssel war abgebrochen. Er wird gerade befreit.

Halb sieben abends, nach Toast und Tee. Warteten immer noch darauf, unseren Teil der Kutschenszene zu spielen. Ang hat heute gesagt: »Nur noch drei Wochen.« Ich entgegnete darauf, daß ich noch einen Zusammenbruch in petto habe. Er nickte und sagte: »Die Depression – zwei Wochen lang, denke ich.« Bei den meisten Filmen müsse man eine Woche einrechnen, in der man sich von der Depression erholen müsse, sagt er; bei diesem hier brauche man zwei. Ich fühlte mich ziemlich geschmeichelt. Aber ganz im Ernst: Ich werde nie mehr dieselbe sein.

DONNERSTAG, 15. JUNI:

Kate hat ihre Zusammenbruchszene wundervoll gespielt. In fast allen Weinszenen habe ich versucht, einen guten Witz unterzubringen. Man gönnt sich ja sonst nichts.

FREITAG, 16. JUNI:

Drehen Elinors »Was weißt du schon von meinem Herzen?« Warum habe ich nur eine Szene mit so vielen Worten geschrieben? Endlos! Aber Mick, Ang und Phil haben sich einigermaßen fröhlich durchgearbeitet, und es ist uns auch gelungen, Achsensprünge zu vermeiden.

Von Salisbury habe ich bisher kaum etwas wahrgenommen, aber es ist sehr nobel. Wir sitzen wie ein Kricket-Team auf dem Rasen vor Mompesson. Tarama-Salat zum Frühstück. James Schamus ist wieder da. Sagte, er habe bei der Distributionsabteilung von Columbia angerufen und den Sekretär unseres Herstellungsleiters am Apparat gehabt, und der hatte von uns und von dem Film noch nie gehört!

Der Set mit Wandteppichen und kleinen Grüppchen aus nähenden Frauen überschwemmt. Sehr Achtzehntes-Jahrhundert-mäßig.

Interessante und schwierige Szene jetzt: die Heftigkeit von Elinors Ausbruch genau richtig einzustellen. Das Maß an Kontrolle. Ich verlasse mich völlig auf Ang, denn ich kann nicht ganz aus meiner Rolle heraus. Bisher zufrieden und hoffe, daß ich es heute nachmittag noch einmal richtig treffe. Kann kaum was essen, Magen zugeschnürt. Da wir natürlich im großen und ganzen nicht in der Reihenfolge aufnehmen, habe ich bereits in der letzten Szene den Kontrollverlust gespielt und Elinors Widerstreben so stark wie möglich herauszuarbeiten versucht. Ein Fall von Zwerchfell-Hysterie. Mir fiel ein, wie ich kurz nach dem Tod meines Vaters zur Bank ging und seine Papiere sichtete. Ich fühlte mich völlig ruhig, während ich im Büro saß und mit dem Leiter sprach, als plötzlich mein Zwerchfell losschlug und ich einfach nur hilflos schluchzen konnte. Bin mit zuckenden Schultern heimgelaufen und dachte: Das ist unheimlich, weil ich nicht aufhören konnte; es gab für mich einfach keine Möglichkeit, es zu kontrollieren. Ist mir mein Lebtag noch nicht passiert und war so, als ob das Gefühl mit den gegenwärtigen Gedanken nicht in Zusammenhang stünde. Ich wollte das in der Szene wiederholen, wenn Elinor herausfindet, daß Edward nicht verheiratet ist. Dieser Augenblick ist allerdings stärker von Zorn geprägt – was mir immer sehr schwergefallen ist. Sie empfindet eine Hitzigkeit, die schwer zu simulieren ist, eine scharfe, aufsteigende Wutwelle. Sie ist wütend auf Marianne, aber haßt es, diese Wut zu spüren, und daher weiß sie nicht genau, wie sie damit umgehen soll. Als ob man jemanden beobachtet, der versucht, einen Geist in die Flasche zu sperren. Schließlich spiele ich es auf mehrere unterschiedliche Arten, so daß Ang beim Schneiden die große Auswahl hat. Er erkennt erst aus dem Zusammenhang, was der richtige Ton ist. Das ist im Grunde der Ärger beim Filmen: Manchmal weiß man nicht, wo eine Emotion hingehört, und der sicherste Weg ist, so viele Alternativen wie möglich anzubieten.

SAMSTAG, 17. JUNI:

Wieder verkatert. Heute morgen aufgestanden und konnte meine Brille nicht finden. Brauchte schließlich Hilfe. Kate hat die Brille in einem Blumenstrauß gefunden. Säcke unter meinen Augen purpurfarben.

Plötzlich wird mir klar, daß ich mich in den letzten fünf Jahren jedesmal, nachdem ich mit einem Job fertig war, wieder an dieses Drehbuch gesetzt und es umgeschrieben habe. Dies ist das erste Mal, daß ich tatsächlich damit aufhören kann. Das muß ich erst mal verdauen.

Trübes Wetter, und wir sind alle eine Spur verwirrt, weil sich die Szenennummern ständig ändern. Hugh und Greg spielen auf ihren Gitarren Blues.

Natürlich Regen, also grauenhafte Großaufnahmen von mir mit meinem höllischen Kater. Es geht mir ganz gut, bin aber müde und albern. Später kommen die Jungs in meinen Wagen, um sich ein Rugby-Spiel anzusehen – ausgelassen vor Aufregung und voller Entschuldigungen. Südafrika gegen Frankreich. Es soll sehr wichtig sein. Antenne nicht richtig ausgerichtet, Bild unscharf, so daß Hugh den Fernseher in einem Winkel von fünfundvierzig Grad über seinem Kopf halten muß. Sie wechseln sich mit Zuschauen und Brüllen ab. Sport ist wirklich eine ungeheure Angelegenheit. Ich wünschte, ich könnte darüber auch dermaßen aus dem Häuschen geraten. Muß man damit aufwachsen? Die Gesichter der Jungs strahlten vor Vergnügen und Aufregung. *Es ist wirklich sehr inspirierend,* sagte sie und klang wie eine Greisin von 104 Jahren ...

SONNTAG, 18. JUNI:

Blind Date im TV angesehen und an meinen Füßen herumgehobelt.

MONTAG, 19. JUNI:

Delaford-Picknick-Szene draußen bei Trafalgar. Ang entzückt über eine große Menge an Melton-Mowbray-Schweinepasteten, die er Schweinebrötchen nennt. Eine Urlaubsatmosphäre bei diesem herrlichen Wetter, aber eigentlich sind wir ja dagegen. Den Zeitplan heute wieder umgeworfen, während wir verzweifelt versuchen, das ganze verbleibende Material in den Salisbury-Abschnitt zu packen. Zehn Wochen sind vorbei – kaum zu glauben, daß ich am Sonntag zu Hause sein werde. Picknick fertig. Hurra. Wir ziehen nun ins Haus hinüber wegen der Szene, wo Brandon zusieht, wie Marianne Willoughby skizziert. Sehr schwer zu beleuchten, aber Willoughbys Profil hinter der Leinwand ist auf wirkungsvolle Art erotisch.

Zur Mittagszeit hatte ich keinen Hunger und muß nun die Reste von den Tellern der anderen essen.

Die Leute haben schon angefangen, über die Abschlußfeier zu sprechen. Himmel! Noch zweieinhalb Wochen und viele große Szenen bis dahin, so daß mir nicht nach einem Countdown zumute ist. Vielleicht werden wir eine Live-Band engagieren … Chinesisches Essen? Nachdenken.

DIENSTAG, 20. JUNI:

Viel zu tun. Spannung! Die Sonne hat gestern böse rote Streifen auf allen hervorgerufen, wie von Quallenstichen. Kam mir äußerst unheimlich vor. Gestern abend mit einer Gedrehten, einem Bier und einer Schlaftablette ins Bett. Nicht die beste Kombination …

Haben die »unausstehliche Frau« sehr schnell um viertel nach neun gedreht und am Nachmittag mit Brandons erstem Auftritt weitergemacht. Man sieht mir den Streß heute an, deutlich um die Augen herum. Also haben wir natürlich eine Standfoto-Session gemacht. Ha!

Der Tag der tausend Schüsse. Gemma ist zweimal umgekippt. Mitgenommen von den Dämpfen des Generators, nehmen wir an, plus Korsett, Hitze und schlechter Luft. Paul mußte ihr beim zweitenmal fünfzehn Minuten lang Sauerstoff verabreichen. Beängstigend. Ang hängt wie ein Häufchen Elend herum. Ich habe niedrigen Blutdruck und eine Blasenentzündung. Ausgezeichnet.

Alan war sehr bewegend. Er hat bisher die

machiavellistischen Typen so überzeugend gespielt, daß es spannend ist zu sehen, wie er die ihm eigene außergewöhnliche Liebenswürdigkeit darstellt. Traurig, verletzlich, aber starke Präsenz. Brandon ist, nehme ich an, der wirkliche Held in diesem Stück, aber er muß sich in dem Maße dem Publikum vertraut machen, wie er Marianne ans Herz wächst. Die männlichen Charaktere wirkungsvoll zu gestalten, war eines der größten Probleme. Im Roman sind Edward und Brandon recht schattenhaft und während langer Phasen abwesend. Wir mußten viel daran arbeiten, sie präsent zu halten, auch wenn sie nicht auf der Leinwand sind. Willoughby ist wirklich die einzige männliche Figur, die dreidimensional hervortritt (ein Vorläufer der anderen Charmeure, Frank Churchill in *Emma*, Wickham in *Stolz und Vorurteil* und Henry Crawford in *Mansfield Park*).

MITTWOCH, 21. JUNI:

Unterbrochener Schlaf. So viele Szenen, so viele Worte! Bin immer wieder mit ihnen aufgewacht und habe sie in meinem Kopf gewälzt. Natürlich ist es stark bewölkt, während wir doch Sonne brauchen und keine Wetteraufnahmen für diesen Standort mehr haben. Wir versuchen, die *Mr.-F-Speisesaal-*Szene an einem einzigen Morgen zu drehen. Chris glaubt, daß die Unmöglichkeit dieses Unternehmens die Dinge beschleunigen wird.

Gemma heute leicht geschwächt, aber wieder besser. Gregs letzter Tag, was jeden traurig macht, da er der Bestgelaunte von allen ist, grenzenlos energievoll und gutmütig.

Schnurrbart gebleicht.

In vier Stunden zehn Einstellungen geschafft. Habe mich mittags hingelegt und wurde von den meisten RAs für klinisch tot erklärt. Die Sonne ist herausgekommen, so daß wir an der zweiten Hälfte der Delaford-Picknick-Szene sind. Triumph.

Fotoaufnahme von Darstellern und Crew. Habe Laurie Borg danach in den Swimmingpool geworden. Große Befriedigung bei den Umstehenden. Produktionsleiter zu sein ist kein Vergnügen. Ins Bett um halb zehn.

Um Mitternacht von verrückten Morris-Tänzern draußen aufgeweckt. Es ist Mittsommernacht, und sie tanzen im Kreis um den Pub herum. Ich weiß, daß das eine wunderbare Tradition ist und so weiter, aber wenn man sie nur vermittelt mitbekommt, verliert sie einiges. War früher nicht etwas *Heidnisches* an diesem Brauch? Sieht aus, als hätte John Major ihn erfunden! Verflucht seien sie, weil sie mich aufgeweckt haben.

DONNERSTAG, 22. JUNI:

Wieder auf dem Parkplatz in Salisbury mit vielen Pferden und Statisten für die Szene vor Mrs. J.'s Haus. Kann immer noch nicht glauben, was wir gestern geschafft haben. Sehr schöner Tag auf der Dorfwiese, einfach großartig. Dauert Ewigkeiten, bis jeder wieder an seinem Platz ist; um so übler dann die Nachricht, daß die Achsen nicht stimmen. Eine Schar Schulkinder kommt und sieht zu. Mompesson liegt da wie eine Radierung.

Mittag. Ende der Szene mit Alan.

Ich: »Oh! Ich hatte gerade meinen Eisprung.«

Alan (lange Pause): »Danke für die Mitteilung.«

James sagt, es sehe aus, als ob wir bald bei der großen Kutschen-Szene wären. Es war eine extreme Belastung für Zeitplan und Budget, uns bis hierher durchzuarbeiten, aber es ist für Ang sehr wichtig. Er sagte auch, daß die zusätzliche Energie, die jetzt jedem abverlangt wird, um die Szenen fertigzubekommen, sie einfach nur noch besser macht. Ich bin auf ihn losgegangen: »Sag das nicht«, habe ich gejammert. Es kommt einem dadurch so vor, als hätte man den Rest flau gespielt.

Nahm ein Mittagessen zu mir, das fast völlig aus Fett bestand, und mußte mich hinlegen, komaartig.

Sehr voll heute, und Hunderte von Zuschauern auf der Dorfwiese, die sich sehr gut benehmen und offensichtlich das Interesse verspüren, einer Handvoll Männer in kurzen Hosen zuzusehen, die Lampen herumtragen und Kabel verlegen. Die Menschen sind manchmal ziemlich bezaubernd. Ich kriege allmählich Lust, Geschenke zu machen, was lästig ist. Wird dringend Zeit, mit dem Film fertig zu werden, damit ich einkaufen gehen kann …

FREITAG, 23. JUNI:

Alles geht in wildem Tempo voran, so daß wir morgen als erstes Brandons Geständnis drehen können. Ziemlich erfrischend und gut. Die Spannung löst sich. Mrs. Jennings' Papagei hat seinen ersten Auftritt. Es ist ein englischer Papagei, George. Böse Schnabelaktion. Papageien haben etwas wirklich Komisches an sich. Sie haben eine unheilvolle Ausstrahlung, die einem zu verstehen gibt, daß nichts von dem, was man tut, sie je beeindrucken könnte.

Ich habe eine neue Zeile für Liz geschrieben. »Ah, Pooter. Noch am Leben, wie ich sehe«, die sie fehlerfrei wiedergab.

Angs Familie ist wieder da. Er sieht sehr glücklich aus. Die Flut ist wahrscheinlich gekommen und geblieben. Drehbuchtreffen am Mittag wegen der großen Brandon-Szene. Bald zu Hause. Ma sagt, daß all meine Pflanzen eingegangen sind.

Am Nachmittag sitzen wir auf der Wiese, essen Eis und werden von Neugierigen beobachtet. In der Nähe des Parkplatzes findet heute ein Schulsporttag statt und überraschenderweise eine Rallye von Morgan-Sportwagen auf dem Kathedralengelände. Und eine Filmtruppe auf der Dorfwiese … Das englische

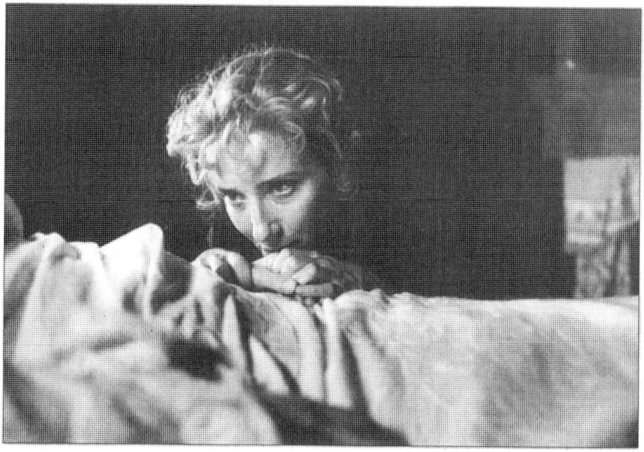

Leben zieht an uns vorbei, sehr im Stil eines E. M. Forster. John Major hat mit seinem Rücktritt gedroht. Vielleicht, damit er sich mehr um den Morris-Volkstanz kümmern kann? Das ist für mich die allererste Nachricht, die ich seit Monaten mitgekriegt habe! Bemerke jetzt, wie vollkommen ich in dieser Welt gelebt habe.

Zwanzig Uhr. Haaransatzfärben mit Jan.

SAMSTAG, 24. JUNI:

Der Wecker hat mich furchtbar erschreckt. Habe von Pilzsuppe geträumt. Halb zehn, und ich träume immer noch. Ein gutes, ruhiges Gefühl, mit dem ich den Tag beginne. Wunderbar, daß wir Alan haben, auf den man sich so verlassen kann. Wir haben versucht, einen Raum zu schaffen, in dem er sich frei bewegen kann, so daß diese Szene ihr eigenes Leben entwickelt und wir nicht zu häufig eingreifen müssen.

Die Geschichte von Brandon, Eliza und Beth ist im Grunde Groschenheftschund, aber Alan schafft es, so tiefen Schmerz hineinzulegen – und plötzlich ist es innerhalb dieser Welt schockierend, von Schwangerschaft, frühem Tod und Verrat zu hören. Lindsay ist mit mir zurückgefahren und hat mir von ihren Sorgen wegen der Liebesgeschichten erzählt – so wenig Zeit, sie richtig zu modellieren. Tatsächlich verbringen die Geliebten der Schwestern so viel Zeit *nicht* auf der Leinwand – und keiner von ihnen verhält sich je wie ein Liebhaber. Verhindert durch die Umstände – also muß alles unterschwellig enthalten sein. Sehr schwierige Balance, die hier zu halten ist – denn schließlich muß man ja Elinors Schmerz darüber nachvollziehen können, daß sie Edward so viel später verliert. Die Balance wird natürlich auch sehr stark durch die Schnitte bestimmt. Der Gedanke, daß wir vielleicht *genug* haben von Edward, Brandon und Willoughby, ist erschreckend. Zumindest wissen wir, daß wir über Jahre hinweg alles versucht haben: Edward ins Zentrum zurückzubringen (was nicht geklappt hat, da es für ihn nichts zu tun gab), Brandon und Willoughby sich duellieren zu lassen (was aber dem Geheimnis nur abträglich war), Willoughby am Schluß wieder hineinzubringen: eine wunderbare Szene im Roman, die leider zu stark die Liebesgeschichte von Brandon beeinträchtigt hat. Ich habe Hunderte verschiedener Versionen geschrieben, rein ins Drehbuch, raus aus dem Drehbuch, das reinste Hin und Her.

Jeder reagiert anders darauf, den Drehort zu verlassen und heimzufahren. Nach der langen Zeit ist es gleichermaßen Erleichterung wie Streß. Es bedeutet, daß die Familieneinheit aufbricht, jetzt, wo jeder zu seinem eigenen Heim und seinen Alltagsbeschäftigungen zurückkehrt. Es ist merkwürdig, wie Filmmannschaften zu großen Familien werden, in denen jeder eine Rolle hat. Man weiß, an wen man sich in welcher Frage zu wenden hat. Selbstgedrehte von Sid, Brotauflauf von Al, eine Umarmung von Mick, Witz und Weisheit von Lindsay, Ruhe von Ang, weibliche Philosophie von Morag, Ratschlag zur Stimmlage von Jan – und zu einem gewissen Grad löst sich das auf, wenn die Leute nach Hause gehen und ihre ursprünglichen Familienrollen wieder einnehmen. Deshalb hat das Ende von Dreharbeiten etwas Trauriges. Aber natürlich übernehmen wir diese Rollen nur aus dem einzigen Grund, weil wir den Trost und die Zuneigung der Familie vermissen. Erst einmal wieder zu Hause, werden viele Leute entspannter. Seltsamer Balanceakt, dieses Leben.

Lindsay erscheint im Zimmermädchenkostüm. In dieser Szene spielt sie eine Bedienstete. Ich zeige ihr, wie man knickst. Sie bittet darum, nicht sprechen zu müssen. Aber wir zwingen sie dazu. Die Beleuchtung wird noch eingestellt. Ein großes Master und dann Einzelaufnahmen. Versuchen, die Fenster zu vermeiden. Haben erst nach elf Uhr dreißig angefangen zu schießen. Es wird einen Aufstand geben, wenn wir nicht um sechs draußen sind, da jeder erschöpft ist, wir nur einen freien Tag und am Montag drei verschiedene Drehorte in London vor uns haben. Habe den ersten Szenenteil gespielt. Ang offenbar nicht gerade überwältigt von mir.

Eine sehr mürrische Crew hat bis viertel vor neun weitergearbeitet. Alan brillant. Goodbye, Salisbury. Goodbye, Drehort. Hallo, London.

SONNTAG, 25., UND MONTAG, 26. JUNI:

Ein Wochenende! Zu Hause. Am Montag nicht vor der Kamera und habe mir den Tag freigenommen. Schuldig gefühlt. Den Pflanzen leise etwas vorgesummt. Gekocht. Ziellos durchs Haus gezogen, hier was aufgehoben, es dort wieder hingestellt. Konnte mich auf nichts konzentrieren.

DIENSTAG, 27. JUNI:

Greenwich. Merkwürdig, jetzt ganz in London zu sein. Überall um uns Verkehr und Zuschauer.

Extrem irritierender Tag – überall Leute, *Film '95* (TV-Show), *Premiere*-Magazin-Interview und endlose persönliche Besuche, die, auch wenn sie angenehm sind, nur schwer in das Gesamtschema hineinpassen. Es ist erschreckend zu entdecken, wie man vom gesellschaftlichen Geschehen abgeschnitten wird, wenn man einen Film dreht. Fremde am Set können mich manchmal ganz wild machen. Ich weiß nicht, warum – Beschützerinstinkt vielleicht? Überall persönliche Dramen. Sehr hitzig. Restaurantszene mit Harriet, Richard und James – sie waren wundervoll. Ich bin hin und her gerannt und habe Körperhaltung der Statisten korrigiert, bin allen zur Last gefallen und habe überall meine Nase reingesteckt.

Hugh G. hat offensichtlich Ärger in L.A. Irgendetwas blas-technisches. Einigen kommt's gerade recht, habe ich gedacht.

MITTWOCH, 28. JUNI:

Wenig Schlaf. Früh aufgebrochen, um Figurenanordnung vom Tom Wilkinson (Mr. Dashwood) und Gem anzusehen. Die erste Szene im Film, daher lebenswichtig, und ich wollte dabei sein. Tom hat viele Leute sterben sehen und erzählte von ihrer Loslösung. Sehr wahr.

Ansonsten den Tag freigenommen. Chris Hampton getroffen, der für *The Secret Agent* (sein nächster Film) Explosionen ausprobierte. Er will die allergrößte (was sonst). Wir warten jetzt – sie mußten eine Wand beseitigen, weil die Handlung sowohl in dem Zimmer als auch in dem dorthin führenden Korridor stattfindet und die Kamera mehr Platz braucht, um das Gesamte aufzunehmen. Gut, daß wir im Studio sind, denn alle sind müde, und hier ist es natürlich einfacher, Raum und Licht zu kontrollieren. Trotzdem alle gut gelaunt, und Shepperton wirkt geschäftig.

Hugh G. ist in allen Zeitungen – die ihn mit typisch scheinheiligem Vergnügen angreifen und sich dabei schrecklich amüsieren. Habe ihm geschrieben.

Die Umkleideräume von Shepperton leicht schmierig. Alte, schamhaarverklebte Seife im Bad und keine Handtücher. Ich habe ein Telefon, was ein großer Luxus ist, und einen Blick auf ein paar Autos, verrostetes Eisen und ein paar Baugerüste. Typisch London.

Ich (nach sechsstündigem Warten auf Figurenanordnung): »Ich verschwinde. Ich hasse es zu warten, wenn ich nicht arbeite.«

Lindsay: »Die meisten Frauen warten. Ich habe einfach nur einen Weg gefunden, damit mein Geld zu verdienen ...«

Gem: »Sie hatte sehr große Lippen, diese Nutte ... Wette, daß sie gut blasen kann ...«

Kochende Hitze.

DONNERSTAG, 29. JUNI:

Immer noch kochendheiß. Habe entschieden, daß Dr. Harris Marianne zur Ader läßt. Stärkt das Profil. Shepperton flimmert in der Hitze. Schwierig, diese gespannte Stimmung aufrechtzuerhalten. Kate ist ganz abgezehrt davon, daß sie eine Kranke spielt. Ganz großartiger Aufbau von »Laß mich nicht allein«. Ich werde froh sein, wenn das vorbei ist! Haben heute Aufnahme 500 erreicht. Traditionsgemäß wurde Champagner serviert (Spende von Lindsay) – zum Mittagessen, so daß keiner ihn trinken konnte.

Fühlte mich trübsinnig, weil ich für die letzte Woche Morag verliere (sie fährt mit Alan weiter, um *Michael Collins* zu drehen). Aber Sallie (Jaye, Maskenkünstlerin und wirklich witziger Kopf) wird mich übernehmen, und wir werden viel Spaß miteinander haben. Sie sagt, sie plant ein paar Veränderungen. Vielleicht einen Bart.

Sehr wackelig heute. Nach dem Mittagessen langes Warten auf Colonel Brandons »Was kann ich tun?«-Szene. Schöne Aufnahme, aber eine gespannte Angelegenheit. Langes Gespräch über die Zeile »Barton ist nur acht Stunden entfernt«, was mich bockig machte. Ang sagte, daß logischerweise und angesichts der Lichtverhältnisse in den Aufnahmen das eine zu lange Reise wäre.

»Es ist seit Jahren im Drehbuch«, fauchte ich, nicht sehr hilfsbereit. »Hätte dieses Gespräch nicht 1993 stattfinden können?«

Lindsay war sehr ruhig und löste das Problem auf brillante Weise, wie ich fand, durch den Satz: »Barton ist nur eine Tagesreise von Cleveland entfernt.«

Habe riesige Sandwichmengen verzehrt und reichlich geschwitzt.

FREITAG, 30. JUNI:

Acht Uhr morgens bereits hektisch in der Maske. Wir nehmen heute den Beinahe-Tod von Marianne auf. Spüre prämenstruelle Anspannung, und die Temperatur um 35 Grad. Keine Klimaanlage im Studio. Schreckliches Gefühl der Beengung in der Brust, unfähig, sitzen oder still zu bleiben. Warte sehnsüchtig, daß die Szene vorbeigeht.

Halb zehn. Immer noch Beleuchtungsprobe. Ich laufe auf und ab und denke über Elinors Steifheit nach und wie ich ihren Kontrollverlust darstellen kann. Angsterregend für sie. Haben die Aufwachszene und das geflüsterte »Elinor« von Marianne aufgenommen. Mein steifer Nacken paßte ganz gut.

Durch den von Dr. Harris vorgenommenen Aderlaß kommen heute drei zusätzliche Stunden hinzu. Ang ist über den Schuß aufgeregt. Elinor trägt eine Schale mit dem Blut ihrer Schwester in die Dunkelheit. Das auszuleuchten wird Stunden dauern. Aber es ist bald Mittag, und noch drei Einstellungen zu erledigen. Sitze mit gekreuzten Beinen gegen den Radiator gelehnt und stelle mir vor, in sehr blauem Salzwasser zu schwimmen. Denke, ich muß versuchen, nicht zu weinen, aber es könnte schwierig werden. Warten auf Beleuchtung. Wie das Warten auf den Henkerkarren. Oder auf eine Prüfung. Die Sonne draußen und der Lärm der Aufbauarbeiten machen mich unsäglich melancholisch. Auch ängstlich.

Viertel nach fünf. Fertig mit der Nahaufnahme. Interessant, da alles sehr verletzlich und verängstigt herauskam. Ein bettelndes Kind. Viel besser, finde ich, als zurückgehaltene Erwachsenenschluchzer. Ich hoffe, es war richtig so. Jetzt kann ich nur sehr wenig daran machen. Ang sagt, er habe mich noch nie in so schlechter Stimmung gesehen. »Es ist, als wollte man mit einem Bär sprechen«, hat er gesagt. Nun alles vorbei, und ich bin wieder normal.

SAMSTAG, 1. JULI:

Rücken lahmgelegt. Alte Verletzung aus den Zeiten von *Me and My Girl*. Große Schmerzen im Lendenwirbelbereich. Scheiße. Superscheiße.

SONNTAG, 2. JULI:

Kutschen-Chaos-Szene. Diese Szene hat Ang immer ganz leidenschaftlich gewollt – wo wir Mrs. Jennings, Lucy, Elinor und Marianne sehen, die im Ballsaal ankommen (die Innenaufnahmen hierzu haben wir schon in Wilton gemacht). Er wollte ein Durcheinander an Kutschen sehen – so viele, daß sie ziemlich weit vom Eingang entfernt aussteigen und sich ihren Weg durch Matsch und Pferdeäpfel zur Tür kämpfen müssen. Abend. Es gießt jetzt.

Habe versucht, mit meinem Rücken klarzukommen. Akupunktur, gefrorener Spinat, Indocid (ein Mittel zur Muskelentspannung) und Jammern. Breche auseinander. Geschenke von Harriet, James und Liz. Es kann einen wirklich fertigmachen. Wir sind alle nah am Wasser gebaut. Froh, daß es regnet – deutet darauf hin, daß es im Ballsaal dampfen und nach nasser Wolle riechen wird.

Aus nur ihnen selbst bekannten Gründen haben unsere Verpfleger einen spanischen Abend vorbereitet – es gibt Paella! Das wird eine wundervolle Aufnahme, und dann ab ins Bett mit meinen Rückenschmerzmitteln.

Ich habe in einem leeren Wohnwagen geraucht. Die Zeitungen sind voll mit Liz und Hugh in äußerst ekelhafter und ärgerlicher Weise. Habe Dennis Potters letztes Interview mit Melvyn Bragg gelesen. Er hat geäußert, daß er Rupert Murdoch gern erschießen würde. Kann er jetzt nicht, aber ich könnte. Da kein Aschenbecher da ist, schnipse ich meine Asche auf den Teppich. Ich bin eine Schlampe.

MONTAG, 3. JULI:

Neuer Drehort in Rotherhithe. Kirchenszene. (»Sie knien immer.«) Eis auf Rücken. Gut geschlafen. Habe angefangen, Abschiedskarten zu schreiben, was mich zum Weinen bringt. Habe einen kleineren Koller im Maskenbus bekommen, wo es keinen Kessel gab, und habe geschrien, daß wir noch eine Woche mit größeren Szenen vor uns hätten und es immer noch nicht vorbei sei.

Hängen herum und warten, daß die Kutschennachbildung eintrifft (ein falscher Innenraum, auf einem Tieflader errichtet, so daß wir einfach durch die Fenster schießen können). Sie steckt an der Tower Bridge fest. Debbie Kaye hat gesagt, die Szene gestern abend sei in England die größte Kutschen- und Pferdeszene in den letzten zwanzig Jahren gewesen. Ich sitze in einem leeren Wagen, trinke Tee, rauche, pflege meinen Rücken. Möchte mich am liebsten in ein Taxi schwingen und verschwinden, um mich eine Woche lang ins Bett zu legen. Grauer, kalter Tag im East End.

Die Fahrt durch London faszinierend. Man vergißt, welch riesiges Durcheinander die Stadt ist, und wie alt. Werde daran erinnert, daß ich ein abgeschiedenes Leben im Norden Londons führe – eine Bemerkung, die ich mit siebzehn meiner Mutter ins Gesicht gesagt habe, und zwar auf ihr Leben bezogen. Warum sie mir nicht eine gescheuert hat, werde ich nie erfahren.

Rückenübungen. Humple herum wie eine alte Frau und bettle um Mitgefühl. Keiner kümmert sich um mich. Sie machen einen Film. Starke Emotionen. Kaum überraschend. Daß diese Reise – oder jedenfalls dieser Abschnitt – zu einem Ende kommt, ist unvorstellbar und verwunderlich. Ich werde natürlich mit Lindsay, Ang, James und Pat Doyle und all den Post-Production-Leuten weitermachen. Aber so viele verlassen uns – Mick, Phil, die fantastische Kamera-Abteilung. Eine Truppe von netteren Männern könnte man kaum finden. Morag zu verlieren war schon schwer. Allen Schauspielern der Reihe nach zum Abschied zu winken ist immer schwierig. O Himmel! Trinke viel Wasser. Lege mich hin. Halte die Klappe.

Wir haben jetzt drei Stunden gewartet – für zwei Stückchen Holz auf einem Wagen. Kate ist auf dem Klo und spricht mit mir. Sie hat ihren Columbia-Morgenmantel verloren. Yvonne (unsere Ankleiderin und eine fabelhafte Rock-and-roll-Sängerin) sagt, sie weiß, daß dieser mir gehört, »weil vorne ein riesiger Essensfleck drauf ist«.

Achtzehn Uhr dreißig. Ich bin mit meinem Teil fertig und auf dem Weg zu den Elendsunterkünften. Das kommt natürlich nicht im Buch vor, aber wir experimentieren mit einer neuen Perspektive, der von Brandon, als er sein vermißtes Mündel aufsucht. Es könnte interessant sein, einen Moment des Schmerzes und Elends einzufangen. Austen war nicht bereit, auf diese Stelle einzugehen. Andererseits könnte dadurch eine gewisse Einheit zerstört werden. Keine Ahnung. Pat Doyle taucht auf, mit Herpes und einem Hund.

DIENSTAG, 4. JULI:

Shepperton. Dabei, meine Eintrittsszene zu erledigen. Sal hat einen hübschen blauen Lidschatten vorgeschlagen. Mir ist es gelungen, ihr das auszureden. Sehr schwierige Szene für Gem im Moment, die wie eine Heilige reagiert hat. Ich war nervend und bin dazwischengegangen.

Gegen neun daheim. Akupunktur.

MITTWOCH, 5. JULI:

Rücken schmerzt. Viel zu tun. Haben elf Takes geschafft; die Familienszenen sind sehr viel schwieriger einzufangen als der emotionale Kram. Grundgefühle wie Zorn, Angst, Trauer, sogar Glück, sind ein Klacks verglichen mit einem Dialog, der Elinor und Marianne zum Beispiel wirklich als Schwestern erscheinen läßt. Eine Normalität, eine Vertrautheit, die sehr schwer zu fassen ist. Letztlich läuft es auf Nicht-Schauspielern hinaus. Schließen den Take ab, dann machen wir mit der Schlafzimmer-Szene weiter, von der ich zu Gott bete, daß wir sie fertigstellen.

Ich glaube, ich habe all meine Karten geschrieben. Es ist schlimmer als Weihnachten!

Nach dem Mittagessen ist mein Haar ganz verwuschelt, und mir ist danach, den restlichen Tag mit einem südamerikanischen Akzent weiterzumachen. Gegenwärtig in Räumen eingesperrt, wo ich zur Übung für die Schreibszenen in Großaufnahme Buchstaben mit einem Federkiel produziere. Gut, mal nicht in einem Korsett zu stecken.

Schon siebzehn Uhr und noch drei Aufnahmen vor uns. Schwierig, es richtig hinzubekommen – eine merkwürdige Mischung aus Neckerei und Ernsthaftigkeit. Ich konzentriere mich zu sehr auf Kate und ihren Teil und bin bei meinem ziemlich schlecht. Mick stellt für meine Nahaufnahme die Beleuchtung um. Ich wandere vor und zurück und schreie andauernd: »Fertig!« Treibt ihn in den Wahnsinn.

Das Wetter ist schön geworden, und ich rauche eine. Habe draußen zu rauchen angefangen, aber Becca hat mir gesagt, daß mein Nachthemd durchsichtig ist, so daß ich wieder hineingehen mußte.

DONNERSTAG, 6. JULI:

Kate und ich haben versehentlich zuviel getrunken, so daß ich um fünf wach wurde. Packe blöde Geschenke ein. Mutters Geburtstag. Ich habe eine besonders aufdringliche Rose aus dem Vorgarten geschnitten und sie ihr unter der Tür durchgeschoben.

Rücken besser. Fühlt sich weniger schwach an. Lindsay kommt, um zu sagen, daß die Szene mit Gemma nicht zu Micks Zufriedenheit beleuchtet war und wir sie nochmals schießen müssen. Buhrufe! Kate und ich richtig altmodisch, als wir »liebster Papa« spielten – erschreckend und zu emotional, zumindest für diese Umgebung. Ohnehin schwappen zu viele Emotionen über, man sollte sich nichts daraus machen, Szenen über tote Väter und sterbende Schwestern zu spielen. Kates Augen füllten sich mit Tränen, und ich flüsterte: »Bald ist das hier vorbei, und wir sind dann getrennt.« Darauf brachen wir beide in lautes Schluchzen aus. Pipi und eine Zigarette zur Erholung. Heiß in diesem Studio – furchtbar.

Letzter Schuß auf Oliver Ford-Davies (Dr. Harris), um die Sterbebett-Sequenz abzuschließen, und dann weiter mit dem Elendsquartier, wo ich nicht mitspiele. Phil hat versucht, meine Flucht zu verhindern. »Oh, ich glaube, du solltest dabei sein – als Autorin«, hat er mit einem Augenzwinkern gesagt.

»Verpiß dich«, lautete meine elegante Antwort.

Die Abschlußfeier hat mit der Ankunft eines erstaunlichen Achtzehntes-Jahrhundert-Kissens von Mr. Rickman begonnen.

FREITAG, 7. JULI:

Letzter Aufnahmetag. Fahre früh um halb sieben nach Shepperton, hinten im Auto eingequetscht zusammen mit all den Geschenken und einem Einrad zwischen meinen Knien (es ist für Bernie, der entgegen dem äußeren Anschein ziemlich wild ist). Sehr erfolgreicher Morgen, weihnachtsmäßig. Ang sehr bewegend – freute sich über seine Teebüchse, wäre aber auch mit einem Teebeutel zufrieden gewesen. Hat mich lange schweigend umarmt. Alle weinerlich.

Die Sonne ist herausgekommen. Ich lege mich hin und lausche den Geräuschen vom Aufbau. Wir sind jetzt alle bei der Kempton-Park-Rennbahn. Heiß. Picknick und Spaß.

Meine letzte Aufnahme war um neunzehn Uhr dreißig. Klappe 549. In der Kutsche. Alan hat Wimbledon drauf. Ich wußte nicht einmal, daß gerade Wimbledon läuft. Endspiel der Frauen. Ich habe mit einiger Erleichterung mein schweißgetränktes Korsett fortgeworfen, während Kate auf der Wiese zusammenbricht. Sie weint. Ich flehe um Alkohol.

Zweiundzwanzig Uhr fünfzehn. Zu Hause. Fertig mit Take 5 bei Klappe 550. Eine Aufnahme von Alan, der vor der untergehenden Sonne galoppiert. Die Kamera ist in einer großen, kreiselförmigen weißen Vorrichtung, die vom Ende eines kleinen, an einen Laster gebundenen Krans herabhängt. Ganz zufällig hatte ich einen Platz oben auf dem Laster erwischt und konnte mitansehen, wie der letzte Take fertig wurde, bevor die Sonne unter-

ging. Dann haben wir Hamburger und gummiartige Chips gegessen und Champagner getrunken. Rundherum viel Liebe. Leute sehr gerührt. In Elinors Brust war alles stark, stille Zufriedenheit (steht im Buch).

SONNTAG, 9. JULI:

Das wirkliche Leben schlägt zu. Unheimlich. Fantastische Abschlußfeier. Ang spendierte ein chinesisches Büfett. Wir haben ihm ein Lied gesunden. Er hat mit mir eine Zeitlang über die Freude an seinem Beruf gesprochen. Alle waren einzigartig glücklich. Mich hat eine richtig tiefe Dankbarkeit ergriffen. Wir kochen jetzt Lindsays letzte Mahlzeit im Vereinigten Königreich und trinken Bier.

Die ganze Nacht getanzt, trotz Rücken. Hugh Lauries Band hat gespielt. Laurie Borg hat wieder geweint. Bin bis zum Ende geblieben. Gegen vier nach Hause.

Zugabe

Der Brief von Imogen Stubbs,
der den ersten Preis errang
(Siehe Tagebuch, 7. April)

Liebe Elinor,

Robert und ich haben ein herrliches Wochenende mit dem Kronprinzen verbracht, in dessen Gegenwart ich mich, möchte ich behaupten, ganz wie zu Hause fühle und der Damen gegenüber ein wahrhaftiger Gentleman ist. Das ganze Wochenende über nannte er mich abwechselnd »prachtvoll« und »frivol«, und er machte sogar eine Bemerkung über meine berühmten Locken, indem er sich erkundigte, ob »sie alle gottgeschaffen seien« oder »weibliche Unterstützung« erforderten. Wie sehr wir gelacht haben!

Meine liebe Elinor, ich spüre, daß die Zeit gekommen ist, ein wenig über die Vergangenheit zu sprechen, aber bevor ich damit beginne, erzählen Sie mir zunächst: Wie geht es Ihrer geschätzten Familie? Ist die arme, blasse Marianne nun glücklich mit dem wunderbar fähigen, reifen Ehemann? Ich werde nie die bedauernswerte, weinerliche Melancholie (Oh, welch Vokabular man sich in »der Gesellschaft« aneignet) vergessen, die sich in den trillernden Klang ihrer Stimme einschlich, als jener erbärmliche Schurke ihr so unschuldiges, vertrauensvolles Wesen um eines materiellen Vorteils willen verließ. Nun, er muß mit seiner Scham leben. Wenigstens dafür können wir dankbar sein. Benimmt sich die liebe Margaret gut? Ich vermisse ihre kleinen boshaften Streiche und habe ihr völlig verziehen, daß sie mir einmal einen Käfer in die Suppe gelegt hat und dann so lachte, daß sie beinahe platzte, während ich ohnmächtig nach oben getragen wurde. Woher wußte sie nur, wie nahe ich daran war zu ersticken? Woher wußte sie nur, wie tief ich von dieser Erfahrung getroffen wurde? Woher wollte sie in jenem zarten Alter nur wissen, daß ich eines Tages in einer Position sein könnte, ihr finanzielle Unterstützung zukommen zu lassen oder den Zutritt zu gehobener Gesellschaft zu eröffnen, und daß ich ein solches Verhalten nicht vergessen würde? Ich scherze natürlich – und zum Beweise füge ich ein Hutband bei, damit sie ihr liebes, schlichtes Gesicht hübscher mache.

Ist es Mrs. Jennings gelungen abzunehmen, und hat Ihre Mutter etwas zugenommen? Wenn doch nur ein Arzt Teile von einer Person abschneiden und einer anderen hinzufügen könnte, wie zufrieden wären wir dann! Was mich betrifft, hätte ich es am liebsten, wenn mein Gesicht in meinem Haar festgesteckt wäre, um die Falten daraus zu entfernen und sogar noch mehr mädchenhaften Liebreiz zu erhalten, als glücklicherweise immer noch dort zu finden ist. Robert sagt, ich sei wie eine hübsche Haustür, um die sich Rosen ranken (meine Locken, verstehen Sie). Er ist ein wirklicher Poet – und übertrifft diesen schrecklichen melancholischen Mann Cowper jederzeit, finden Sie nicht? Genug über *moi.*

Edward sah in meinen Augen ziemlich unglücklich aus, als wir Sie in den Arkaden antrafen. Und mir fiel auf, daß sein Haar rapide ergraut. Aber er ist eine gute Seele, sehr freundlich, und ich bin sicher, daß das Leben eines Landpfarrers seinen Geist nährt, wenn auch nicht seinem Körper. Unsere kleine Alphonse hielt Onkel Edward für »einen sso lieben Ssatz« (ihr Lispeln ist köstlich), »weil er sso lächelt wie Ssuki«. Ssuki (Suki) ist ihr kleiner Spaniel (Sspaniel), der tatsächlich Edward ähnelt – einschließlich der Haare auf seinen Ohren und dieser albernen Warze unter dem Kinn. Ist es nicht klug von ihr, die Ähnlichkeit zu bemerken?

Liebste Elinor, ich nehme doch an, daß Sie sich sehnlichst Kinder wünschen und in dieser Hinsicht vielleicht Probleme haben. Seien Sie unbesorgt. Sie können sich an meinen fünfen erfreuen (besonders an der kleinen Alphonse). Außerdem kann man, das ist meine ernsthafte Überzeugung, an einem Haushund oder einem Garten ebensoviel Freude empfinden. Haben Sie es mit Fenchel versucht? Dies soll die Fruchtbarkeit unterstützen, auch wenn Sie vielleicht zu alt sind, um die Wohltaten dieses besonderen Mittels erfahren zu können. Vielleicht wird Gott eingreifen – zumal ja Edward in solch häufigem Kontakt mit ihm steht!

Oh, ich muß Ihnen noch erzählen – gerade hat der Prinz seinen Kopf zur Tür hereingesteckt und mich zu einer mitternächtlichen Ausfahrt eingeladen. Ob ich annehmen soll? Wenn Sie doch nur hier wären, um mir einen Rat zu geben … Ich bin ganz durcheinander. Soll ich meinen Pelz oder den Samtumhang tragen? Ich werde mir Ihre liebe Person vergegenwärtigen und bin sicher, daß mir so die richtige Entscheidung vor Augen schweben wird. Tatsächlich empfinde ich eine Art Heimkehr. Das ist äußerst seltsam. Vielleicht war ich in einem früheren Leben eine Person von königlichem Geblüt. Wie auch immer – es paßt vollkommen zu mir.

Nun aber zu unserem Gespräch. Ich empfinde geradezu Furcht – als ob ich einer Gouvernante oder einer zornigen Seemöwe, die mir die Augen auspicken will, mein Herz öffnete. Damit ist keineswegs ein Vergleich beabsichtigt – der Fehler liegt einzig in meiner Fantasie, die, wie Robert sagt, zu ausufernd ist, um für mich gut zu sein. Nein, nein – wären Sie ein Vogel, Elinor, so wären Sie eine nette, weise Eule, die auf ihrem Ast sitzt und brütet – wohingegen ich mich selbst mehr als eine Jenny Wren sehe. Was Edward betrifft, so ist er mit seinen lächerlich platten Füßen und seiner trompetenden großen Nase ein breitnasiges Schnabeltier. Wie geht es übrigens seiner Nebenhöhlenentzündung? Sie schien ihn bei weitem stärker zu beschäftigen, als ihm gut zu Gesicht gestanden hätte, aber es muß schrecklich sein, wenn man wie Sie (wie ich fürchte) in einer so feuchten häuslichen Umgebung lebt.

Als wir uns zum erstenmal begegneten, Elinor, vertraute ich Ihnen (die Sie wie eine Schwester für mich wurden) das Geheimnis meiner Verlobung mit Edward an und berichtete Ihnen von den unmöglichen Umständen, die diese Liaison begleiteten. Hätte ich zu jener Zeit Ihre Gefühle für ihn gekannt, wäre ich niemals zu einer solch taktlosen Kontaktaufnahme fähig gewesen. In der Tat weiß ich, daß

Sie mir glauben werden, wenn ich Ihnen sage, daß solcherart mein Charakter ist: Ich hätte ihn sofort aufgegeben, wenn mir bekannt gewesen wäre, daß es Ihnen das Glück verschafft hätte, das Sie sehnlich wünschten. Ich muß Sie daher tadeln, weil Sie mir niemals Ihre wahren Gefühle anvertraut haben und mich eher anlügen denn mich als Ihre Vertraute behandeln wollten. Aber ich vergebe Ihnen – und füge dieses ziemlich beschmutzte Tüchlein bei, das, wie ich glaube, für Sie damals eine Quelle des Kummers war, als ich es in meiner Unschuld zufällig gebrauchte. Ich erhielt es von Edward in der dummen Leidenschaft seiner Jugend, die nun mit dem Alter abgenutzt ist, genauso wie das Tuch.

Ich für meinen Teil fand in seinem Bruder den Mann, den ich suchte – und werde nie meine Entscheidung bereuen, meinem Edward das Schicksal zu bereiten, das er verdient. Geld hat mich nie interessiert – wie kann man etwas vermissen, das man nie kennengelernt hat? Auch wenn ich glaube, daß wir nicht arm sind, strebe ich nur nach einfachen Freuden und erwarte meinen Lohn dafür im Himmel. Edwards Mutter – nun, sie brauche ich nicht zu fürchten. Sie liebt mich wie die Tochter, die sie nie hatte, und hat eine große Schwäche für mein Gebäck. Wie ich liebt sie es, Geschenke einzupacken, und vielfältig sind die Stunden, die wir mit Einpacken und schulmädchenhaftem Geplauder gemeinsam verbringen.

Ich wünsche Ihnen also alles Glück, Elinor. Und seien Sie nie, nie unglücklich über Ihre Unehrlichkeit mir gegenüber, genausowenig wie über Ihr täuschendes Verhalten Edward gegenüber. Alles ist vergeben und vergessen – und die Liebe richtet jeden Schaden. Das schlimmste, das Ihnen wie auch Edward widerfahren könnte, wäre, wenn ein bedrücktes Gewissen Ihren natürlichen Charme trüben würde. Genießen Sie das Leben, das Ihnen beiden noch bleibt, unbeschwert von dem Getapse winziger Füße.

Mit herzlicher Zuneigung, Ihre
Lucy

PS. Robert sendet beste Grüße an das, wie er es humorvoll nennt, »Sturmpfarrhaus« (wobei er sich natürlich auf die Tragödie bezieht, die die heftigen Stürme in Ihrem Obstgarten angerichtet haben).

PPS. Purpur ist eine hübsche Farbe für eine Haut wie die Ihre.

Die Drehorte

SALTRAM HOUSE

Steht für das Haus der Dashwoods, *Norland Park.* Saltram House liegt in Plympton, nicht weit von Plymouth Hoe, wo Gedenktafeln an die Pilgrim Fathers und Francis Drake erinnern. Das Haus ist angefüllt mit Kunstwerken, darunter einige Porträts von Sir Joshua Reynolds. Zehn echte Gemälde von ihm hängen zusammen mit unschätzbaren Werken italienischer, holländischer und flämischer Meister an den Wänden. Saltram House gehört zum Besitz des National Trust und ist für die Öffentlichkeit zugänglich.

TRAFALGAR HOUSE

Liegt in der Nähe von Salisbury und bot den Drehort für Sir John Middletons Haus, *Barton Park.* Das für Feste geeignete Grundstück war der Standort für das Rasenbowlingspiel der Dashwood-Schwestern, und die grandiosen Wandgemälde bildeten den Hintergrund für Colonel Brandons erste Begegnung mit Marianne. Ursprünglich schenkte die Regierung das derzeit nicht genutzte Trafalgar House der Familie von Lord Nelson.

FLETE ESTATE

Barton Cottage liegt auf dem riesigen Flete Estate in Holbeton, Süddevon. Das Landhäuschen, das von der Vorderseite her bescheiden wirkt, ist in Wirklichkeit ein prächtiges edwardianisches Wohnhaus, wenn man es von der Seite betrachtet. Die Filmemacher haben sich große Mühe gegeben, diese Tatsache zu verbergen. Die Gegend ist als Naturreservat berühmt, besonders für seltene Vögel, was bei Naturliebhabern mehr Begeisterung hervorruft als bei den Tontechnikern.

MONTACUTE HOUSE

Das Anwesen der Palmers in Cleveland. Nahe Yeovil in Somerset gelegen, wurde Montacute im späten sechzehnten Jahrhundert von Sir Edward Phelips, Sprecher des Unterhauses und Direktor des Staatsarchivs, erbaut. Nun im Besitz des National Trust, bietet Montacute eine fantastische Vielfalt an Giebeln, Obelisken, Türmchen und geheimen Pavillons.

Eines der auffälligsten Merkmale des Montacute-Grundstücks ist eine merkwürdige, gewundene

Hecke, die die Filmleute die »Gehirnhecke« nannten. Diese vor langer Zeit durch Frost deformierte und seitdem absichtlich in dieser ungestalten Form erhaltene große Hecke bot den Filmern einen perfekten Hintergrund für Mariannes physischen und emotionalen Verfall.

WILTON HOUSE

Der Ball, den die Dashwood-Schwestern besuchten, fand in Wilton House, in der Nähe von Salisbury, Wiltshire, statt, einem größtenteils von Inigo Jones entworfenen Herrenhaus des sechzehnten Jahrhunderts. Jones' Liebe zum Theater spiegelt sich in einer Reihe stattlicher Säle wider, wie es ihresgleichen nicht noch einmal in einem englischen Haus gibt. Eine Reihe von ineinander übergehenden Nebenzimmern führt zum kubischen Saal (so genannt wegen seiner Proportionen von 40′ x 40′ x 40′), auf den der sogar noch spektakulärere Doppelkubus (40′ x 40′ x 80′) folgt, ein riesiger, mit vergoldeten Blumengehängen, Girlanden, Simsen und Ziergiebeln geschmückter Saal.

Der Saal ist mit Gemälden angefüllt und wird beherrscht von einem massiven Porträt von Van Dyck von der Herbert-Familie, die immer noch Besitzer des Anwesens ist. Die Möbel und Spiegel sind von Chippendale und William Kent.

Viele Herrscher, einschließlich der gegenwärtigen Königin, wurden in diesem prächtigen Saal unterhalten, und während des Krieges wurde der Einmarsch in die Normandie im Doppelkubus geplant.

MOMPESSON HOUSE

Das Haus aus dem achtzehnten Jahrhundert, das Chorister's Green neben der Kathedrale von Salisbury beherrscht, gab den Hintergrund für Mrs. Jennings' luxuriöses Londoner Stadthaus ab. Das im Jahr 1701 erbaute Mompesson gilt im allgemeinen als perfekte Ergänzung zur Kathedrale, dem gotischen Meisterwerk, aber der Architekt und die Bauherren, die das Haus geschaffen haben, wurden nie bekannt. Mompesson House gehört nun dem National Trust.

MOTHECOMBE HOUSE

Das großartige Landhaus von Königin Anne, das dem Farmer, Förster und Jagdjockey-Nationalamateur Anthony Mildmsy White gehört, war das Setting für den Salon von Mrs. Jennings' Londoner Haus. Der prächtige Raum lieferte den Hintergrund für viele wichtige Filmszenen, einschließlich den für Edwards entsetzliche Konfrontation mit Lucy und Elinor.

HEYNE BÜCHER

Faszinierende Frauen

Die neuen Stars in Hollywood

32/179

Adolf Heinzlmeier
Kim Basinger
Ihre Filme - ihr Leben
32/177

Katharina Blum
Juliette Binoche
Die unnahbare Schöne
32/215

Edward Z. Epstein/Joe Morella
Mia Farrow
32/210

Karsten Prüßmann
Whoopi Goldberg
Komödiantin mit Herz
32/202

Cookie Lommel
Michelle Pfeiffer
Ihre Filme - ihr Leben
32/170

Meinolf Zurhorst
Julia Roberts
»Pretty Woman«
32/168

T.D. Maguffee
Sigourney Weaver
Ihre Filme - ihr Leben
32/194

Außerdem erschienen:

Meinolf Zurhorst
Isabelle Adjani
Ihre Filme - ihr Leben
32/163

Wilhelm Heyne Verlag
München

JANE AUSTENS KLASSIKER

Nach diesem Roman entstand der Film
»Sinn und Sinnlichkeit« mit Emma Thompson und Kate Winslet,
Hugh Grant und Alan Rickmann in den Hauptrollen.

01/9362

Heyne-Taschenbücher